卓越关系：

5步提升人际连接力

田俊国◎著

一个人的关系质量决定了一个人的生命质量。

本书共分为三大部分。第一部分讲的是基本原理和方法步骤，讲解了关系的重要性，深度剖析了人的内在需求，定义了好关系的三大标准以及改善关系的五大步骤。第二部分聚焦上序位、同序位以及下序位的具体关系，借助大量案例帮助读者“听别人的故事，疗愈自己的人生”。第三部分，重点讲述面对面相处的重要性以及如何更好地完善自己等内容。

人们最大的烦恼其实就是关系的烦恼，很多人苦于经营不好自己的各种关系，生活质量乃至生命质量亟须提高。相信这本书会帮到那些不会处理关系的读者，帮助他们提高生命质量。

图书在版编目（CIP）数据

卓越关系：5步提升人际连接力/田俊国著. —北京：机械工业出版社, 2023.12（2024.4重印）

ISBN 978-7-111-74721-5

Ⅰ. ①卓…　Ⅱ. ①田…　Ⅲ. ①人际关系—通俗读物　Ⅳ. ①C912.11-49

中国国家版本馆CIP数据核字（2024）第002478号

机械工业出版社（北京市百万庄大街22号　邮政编码100037）
策划编辑：张潇杰　　　　责任编辑：张潇杰
责任校对：贾海霞　王　延　　责任印制：单爱军
保定市中画美凯印刷有限公司印刷
2024年4月第1版第2次印刷
165mm×225mm · 15印张 · 1插页 · 162千字
标准书号：ISBN 978-7-111-74721-5
定价：59.00元

电话服务　　　　网络服务
客服电话：010-88361066　　机　工　官　网：www.cmpbook.com
010-88379833　　机　工　官　博：weibo.com/cmp1952
010-68326294　　金　书　网：www.golden-book.com
封底无防伪标均为盗版　　机工教育服务网：www.cmpedu.com

前言

写完《非凡心力：5大维度重塑自己》（以下简称《非凡心力》）后，我决定趁热打铁继续写这本书。我夫人和大儿子听了我的想法，竟异口同声地质疑道："你居然要写人际关系的书？不会是误人子弟吧？"在他们的印象中，人际交往能力是我的绝对短板。随后，夫人对儿子说："你爸这两年脾气变得好多了。"事实上，这几年发生在我身上的重大转变也让我感到惊讶，时常感慨年轻时的我如果能听到今天的我讲的课该多好呀！

当初开发"非凡心力"和"重塑关系"两个训练营的一个很重要的动因就是自己想修炼，最后也证明了我的确是最大的受益者。在培训界，我算是高产作者，这本书已经是我从事教育培训工作以来写的第十二本著作。我的课不都是因为自己非常擅长某一领域而要分享经验，有时候是因为自己特别想提高，就买来一大摞书做主题阅读，把书上的内容消化后形成自己的见解，再架构成课程，用授课的方式与学生共同进步。我的课程都主张学习在对话中进行，所以在与学生互动中，我就有机会收集到大量的真实案例，在利用所学知识帮学生解决真实难题的过程中，我实现了从知到行的转化。遇到难以解释的现象和难以解决的问题，我便会回过头来在书中找答案。用上课的方式消化书中内容，又用现实问题驱动自己再读书，如此便形成了知行互促的良性循环。在这个过程中，我和学生都有了巨大的收获。经过二十多期训练营的磨炼之后，我发展出了自己独到的见解，收集到了很多生动的案例，淘出不少精辟的金句，创造了不少实用的工具。

这本书是《非凡心力》的姊妹篇，可以看作同一硬币的两面，核心目的依然是依托关系修炼自己。这本书也可以看作是把《非凡心力》中的连接力单拎出来强化。

本书共分八章。前三章是第一部分，交代基本原理和方法步骤。第一章重点讲关系的重要性，每个人都活在几个圈子里，重要关系对生命质量的影响超乎想象。个体与社会的关系好比水滴与大海的关系，自我的形成离不开重要关系的影响。人们要借助关系的镜子才能照见自己，在关系中疗愈内在创伤，还必须借助关系检验自己的修为。第二章深度剖析人性，人性的复杂决定了与人相处的难度，不能洞察人性的人也很难处理好关系。复杂的人性可以简单地用棱镜分解为内在狗熊、凡夫、圣人三部分，三部分各有各的反应模式、心力诉求和应对策略。所谓了解人性就是能够透过外在表现，洞察一个人的内在诉求，及时看见和满足其内在各部分的诉求。本章最后特别强调了人的最低情感需求，这一最重要的需求却最容易被现代人忽视。除饮食睡眠外，人类最迫切的需求就是渴望被关注和被认可。懂得给别人“梳毛”的人招人喜欢，懂得给自己“梳毛”的人内心强大。第三章定义了好关系的三大标准以及改善关系的五大步骤。良性的关系一定是双方内在和谐、彼此独立且相互滋养的，发展良性关系也需要双向奔赴。

不仅要看见自己，还要看见别人，积极共创双方都支持的改善策略，且要率先行动，继而持续复盘迭代。任何关系都应该处在动态的迭代中，不能与时俱进的陈旧模式必将成为关系双方的枷锁。

第四到六章是本书的第二部分，分别聚焦上序位、同序位以及下序位的关系。上序位关系从父母关系展开。父母是孩子人际交往能力的启蒙老师。不少人一生带着从原生家庭习得的低版本、低效能的模式与人相处，吃尽苦头也不改变。没有人能够毫发无损地走出童年，直面童年创伤是心灵成长的唯一选择，修复与父母的关系即能处理好与其他上序位的关系。中序位关系则以亲密关系为典型展开，婚姻不只是两个人的相处，而是两个家族的融合，婚姻不只是为了传宗接代，更是双方的陪伴成长、协同进化。高水平的独立才能赢得高质量的关系。为了和谐独立，双方各有自己的修身功课，为了相互滋养，双方又有双向奔赴的共同功课。下序位关系以亲子关系为典型展开。孩子与父母的关系注定了是渐行渐远的关系，培养孩子应以终为始，一切教育以其独立为目标展开。同时，孩子的到来也给了父母一次重新成长的机会。很多人有被孩子折磨到崩溃的经历，崩溃的父母不过是大孩子。向内修的父母会把崩溃当成探索自己潜意识情结和模式的抓手，顺藤摸瓜找到情结的源头和模式的根系。成年人管教孩子，其实都是在同时管教两个孩子，一个是孩子，另一个是童年的自己。父母就可以把与孩子的关系由双方关系转变为三方关系：成年的自己、童年的自己和孩子。甚至孩子还可以是童年的自己的玩伴儿。第二部分是第一部分基本原理的应用，复杂人性的剖析、良性关系三要素以及改善关系的五步法贯穿本部分的每一个章节。

最后两章是本书的第三部分。第七章主要讲与人面对面相处的重要原则。关系是相对静态的概念，与人相处的每一个动态瞬间都有可能微妙地影响静态的关系。有学生苦恼地说："我严格地走完改善关系五步法的流程，可期待的效果并没有出现。"我说："状态不对，套路白费。"套路是对意识的指导，状态则是潜意识的调频。如何调整状态？如何避免或减少潜在的内耗？如何避开与人交往的"坑"？是这一章重点讨论的问题。最后一章着重讨论在关系中修行的内在工程。个体内在的小宇宙与外部的大宇宙是相互影响的。修行者要会跨圈借力，善于借系统的力量完善自己，并主动去影响系统。同时，把外在发生的一切当成修身的功课，发自内心地以为"一切为我而来，绝非冲我而来"，继而通过反思不断调适自己。

此外，还有四大核心主张贯穿全书，在各章都有强调，并从不同的角度对其进行了论述。其一，洞察人性。每个人的内在都是天使与魔鬼、苟且与远方同在的，不同情境激活人性的不同侧面。你见到的每一个人都只是活出了人性的一种可能版本。每个人内在的大爱若是被激发了都会变得崇高。在人性的深处，天使与魔鬼同在，永远不能单纯地、标签化地区分人！洞察人性是修身的基础，也是处理好关系的基础。了解人性要从觉察自己开始，与自己连接好的人自然能与别人连接好。你与别人的心理距离恰恰是你与自己的心理距离。与自己的心理距离又近似于与父母的心理距离。书中多数案例之后都有详尽的分析，试图帮助读者对人性这一抽象的概念有生动的体验。其二，向内工程。本书并非讲述关系谋略的书，不是教你如何投机取巧地取悦别人，而是帮你从合乎人性的角度无差别地对待自己和别人。不愿意做出改变的人不配拥有良性关系，所有关系的改善都是双向奔赴的，而且是谁主动做出改变谁就会受益。修行者会把挫折和批判当成包装丑陋的礼物。哪怕是激烈冲突，你把它当成打击，它就会是打击，把它当成反馈，它就会是反馈。把发生的一切都当成反馈，就能够持续不断地学习。成长是永恒的主题，修炼什么样的自己，就会结什么样的缘分，就会处什么样的关系。其三，陪伴成长。成长是一辈子的事，因此，跟他人的关系都可以理解为陪伴成长的关系。关系中最大的危险是一方精进而另一方油腻，关系中的双方是不断成长的，关系本身也应该与时俱进地迭代。原本相互滋养的关系因为不能与时俱进而逐渐发展为相互消耗的关系。高手善于把相互消耗的关系改造为相互滋养的关系，秘诀在于根据双方的成长及系统的变化动态调整相处方式。其四，心理资本。心理资本被我誉为良好心理状态的酵母。个人对高光时刻、触动瞬间以及巅峰体验的记忆，是战胜困难、对抗挫折的宝贵资源。关系中的双方共同经历的美好体验、高光时刻等又都是维持关系的心理资本。丰厚的心理资本能提高关系的抗风险能力。书中多处强调心理资本和情感账户的积累对个人成长及维系关系的重要性，这也是本书的一大核心主张。

本书另一个突出特点是案例丰富。书中的案例都源自线下课和训练营中学员的真实分享，这些鲜活而生动的案例素材能够帮大家理解人性的规律和相处的原则，启发大家在生活中灵活应用书中的方法和工具。所有案例都是鲜活的生命故事，“听别人的故事，疗愈自己的人生”。线下课和训练营的最宝贵之处在于场域——营造一个安全而开放的环境让学员们愿意坦诚相待，勇于面对尘封多年的创伤经历，相互信任又相互支持。书中的案例可以看作是学员们修炼的记录，读者也可以依葫芦画瓢，解决自己遇到的关系问题，发展出自己的真实案例。每个人的人生都是一串故事，这两本书的使命是帮大家运用合乎人性的规律写好自己的人生故事。

最后，要隆重感谢“心力拓展训练营”和“重塑关系训练营”的学员，感谢我的导师班学员，书中很多主张的发展离不开他们的贡献。感谢帮我整理文字稿的同学们，感谢帮我校稿的同学们，对这两本书做出贡献的同学实在是太多了，这里一并谢过！书永远是启发性的，我并不主张读者迷信我的观点，更鼓励读者朋友们在实践中检验和发展书中的观点，我自己也会在实践中持续迭代这些主张。没有最好，只有更好，实践才是检验真理的唯一标准，也是发展真理的唯一途径，我更愿意与同学们陪伴成长，协同进化。想了解我最新动态的读者朋友，可以关注我的微信公众号“田俊国讲坛”，读书和实践中遇到的困惑也可以给我留言，我尽最大努力回复大家。开卷有益，祝您阅读愉快！

田俊国

目 录

前 言

1

第一章 几个圈子，左右人生：借助关系修炼自己 / 1

你的世界不过是几个圈子 / 3

借关系之镜照见自己 / 6

在人际交往中修炼自己 / 11

对提升人际关系能力的四大建议 / 15

2

第二章 不懂人性，难处关系：知己解彼的智慧 / 23

人性的棱镜分解 / 24

人的三种模式及与其相处的策略 / 28

永远为人性的善良赋能 / 36

你眼中的我与我眼中的你 / 37

自我的形成与持续修身功课 / 41

最低情感需求的满足 / 47

3

第三章　成果清晰，方法具体：改善关系有章法 / 51

好关系的三大标准 / 53

重要关系须持续经营 / 59

改善关系案例复盘 / 62

改善关系的五大步骤 / 67

看见别人：人人都值得被爱 / 71

主动改变：强者主动出击 / 75

4

第四章　回归零点，追本溯源：上序位关系的经营策略 / 79

直面创伤是唯一的选择 / 81

用五步法疗愈“死磕”模式 / 85

对抗挫折的心理资本 / 90

与父母相处的五大原则 / 93

报恩父母的三种方式 / 98
与领导相处的核心策略 / 100
五步把领导发展为好朋友 / 106

5

第五章 双向奔赴，同修陪练：同序位关系的经营策略 / 109

模式碰撞与亲密关系磨合 / 110
婚姻各阶段的心路历程 / 115
五步逆转亲密关系 / 117
五步化解家庭冲突 / 122
高水平独立赢得高质量关系 / 124
亲密关系的五大经营策略 / 127
亲密关系中的四大禁忌 / 132
与同僚相处的三大锦囊 / 136

6
第六章　以终为始，以身作则：下序位关系的经营策略 / 141
孩子是父母的陪练 / 142
用五步法改善父子关系 / 145
亲子关系的五大经营策略 / 148
比学习成绩更重要的东西 / 155
亲子关系中的四大禁忌 / 159
教出比自己优秀的孩子 / 164
与下属相处的四大策略 / 167

7
第七章　状态不对，努力白费：关系在外，根在内 / 173
状态决定一切 / 174
调整状态的四大“咒语” / 180
用“咒语”化解家庭矛盾 / 185

关系也可以是一个人的事 / 188
避免陷入互耗困境的六条金律 / 191
与人交往的三大禁忌 / 197

8

第八章 天地众生，皆为自己：持续终生的内在工程 / 201

圈层经营与跨圈借力 / 202
多重身份下的修炼 / 207
烦恼为渡口，反思作归舟 / 212
一切为你而来，而非冲你而来 / 214
伴随终生的内在工程 / 219

参考文献 / 223

第一章

几个圈子，左右人生：借助关系修炼自己

说到底，人是社会动物。每个人都不可避免地要跟各式各样的人打交道。因此，人际关系能力是一种底层的素质技能，极大地影响着一个人的事业能否成功和生活是否幸福。有的人很友好，在哪里都能与人和谐相处，自己内心也总能保持平和的状态。另一些人则完全相反，似乎跟全世界都有仇似的，很难与人相处，内心也非常矛盾。与人相处的能力直接决定生命的质量。一个好汉得三个帮，倘若一个人还想要成点儿事的话，又凭什么把脾气不同、性格迥异的人凝聚起来创造更大的社会价值？有人能借助他人的力量成就非凡的事业，有人却被束缚在关系中喘不过气。还有人总是防着这个、对付那个，在各种关系里纠缠，把原本是稀缺资源的重要关系也变成了束缚。而另一些人就有能力把束缚变成资源，把消耗变成滋养，团结周围的人，彼此成就。成就别人的同时也成就了自己。人际关系能力直接决定了你的成功与幸福。你能不能把那些看似束缚的关系变成相互滋养的关系，你能不能把那种消耗的关系变成滋养的关系……这都直接决定了你自己的成功与幸福。关系的问题必须在关系中修炼，在关系中发现模式、升级模式和验证新模式。

世界很大，但每个人的世界却很小。几个重要的圈子和若干重要的关系直接决定一个人的生命质量。

你的世界不过是几个圈子

每个人都是生在一种文化里，家庭的文化氛围是塑造一个人思想品格的原初土壤。世界固然很大，但是对每一个具体的人来讲，他的世界其实很小，无非是在几个圈子之间切换：工作圈、生活圈、朋友圈。大多数人在大多数时间，其圈子是相对固定的，经常是三点一线，工作上与几张老面孔共事，生活中总面对固定的几个家人，朋友圈也相对稳定。外面偌大的世界对他们而言其实并没有太大关系，顶多是茶余饭后的谈资。朝夕相处的圈子限制了一个人的认知水平、幸福指数和成长空间。

■ 核心圈子决定生命质量

人际关系能力强的人能够同时经营好自己的工作圈、生活圈和朋友圈，他们的幸福指数因此很高。幸福是一种主观感受，假如一个人在自己的每个圈子中都能获得积极的情感体验，那么这个人就会被幸福包围。有人工作不是很顺心，所幸家庭很幸福，家庭疗愈了其在工作中的伤痛，其幸福指数也差强人意。古人讲“家和万事兴”，这句话很有道理，因为家庭和工作都会影响人的心理状态。如果家庭是鸡飞狗跳的状态，这就把人搞得筋疲力尽了，哪还有什么心气和精力投入工作？久而久之，工作圈也会因为投入不足而出现危机。更可怕的是，人们会无意识地把负面情绪发泄给比自己更弱势个体，而且这种发泄经常是跨圈的。这种现象被心理学家称为踢猫效应。现实情况是，很少有人能够做到借一个圈子的能量去疗愈其在另一个圈子受到的创伤。更多的则是跨圈迁怒，最后的结果就是把几个圈子都弄得鸡飞狗跳。一个人一旦把两个及以上的圈子弄糟了，就很容易进入一种彼此影响的恶性循环，那么这个人的生命质量就堪忧了。比如领导因为家庭不和在工作中迁怒于下属，下属在工作中受了气又回家迁怒于家人，下属的家庭关系如此糟糕，又导致其工作投入不足，因此屡屡出错；工作出错又导致领导的领导不满意，因此事受批评的领导当然又要批评他的下属，于是几个跨圈的影响形成恶性循环。一个圈子经营不好，很容易形成多个圈子的连锁反应。

主动经营圈子和重要关系

原理是不变的，而运用原理解决问题的方式却有积极和消极之分。善于经营家庭关系的人会把家经营成爱的港湾，在外面水里泥里地奔波后回到家，家里的温暖和爱足以疗愈其身体的疲惫和内心的创伤。不善于经营家庭关系的人则很容易把家搞成第二战场，结果把自己弄得心力交瘁。

每个核心圈子里都有几个不得不经营好的重要关系，任何一个重要关系处理不好都会暗耗你的能量，分散你的精力，从而导致你在别的圈子里因状态不好、投入不够而表现不佳，很容易陷入低能量状态的泥潭而难以自拔。一个人的几个核心圈子如果不能形成相互助力的良性循环，就很容易陷入相互拉扯的恶性循环。某人在一个圈子里受到打击或遭到排挤时，会无意识地到另一个圈子里发泄，很容易把自己在两个圈子的处境都弄糟了。当一个人在两个圈子的处境都变得糟糕的时候，其心理健康就堪忧了。

有一句话说得很好："你的水平就是你朋友圈的平均水平。"当你觉得状态低迷，甚至是穷途末路的时候，就是你应该走出现有的圈子，拓圈、换圈的时候。并非世界没机会，而是你的圈子没机会；并非全世界冷酷无情，而是你的圈子冷酷无情。早在秦朝的时候宰相李斯就发现厕所的老鼠和粮仓里的老鼠有着截然不同的际遇和命运。王立群教授讲《史记》时谈到人的一生要具备四个能行，首先要自己行，就是有真本事；其次，得有人说你行；第三，说你行的人还要行，他要有影响力；第四，你身体得行。一个人要取得成功，真本事固不可少，然而持续经营一个能施展本事的环境更为重要。

山穷水尽通常只是一个提醒你要换圈子的信号。谁都有处在低谷的时候，聪明的人处在低谷时会积极主动地寻求资源，借助高能量的圈子帮自己脱困。每个人都要主动经营一个能帮自己走出低能状态的圈子。为此，你要盘点一下自己的朋友圈，看看自己跟哪些人相处是在耗能的，跟哪些人相处是在充电的？在哪个圈子里是耗能的，在哪个圈子里又是充电的？也顺便思考一下，如何把耗能的关系改造成充电的关系，如何远离总是耗能的圈子或关系。再思考一下，当你能量状态低落的时候，最先想到的朋友是谁？那些总能在关键时候给你鼓励支持，在至暗时刻给你指明方向的人，就是你生命中的贵人。那些总能给你方向和力量的圈子就是你的“充电桩”。

借关系之镜照见自己

有一个寓言说乌鸦非常苦恼地要搬家，喜鹊就问他：“你为什么要搬家？”乌鸦说：“这里的人对我很不友好，他们都讨厌我的叫声，我要搬到受欢迎的地方去。”喜鹊说：“如果你不主动改变自己的叫声，无论搬到哪里别人都不会待见你。”很多人梦寐以求地想成为一个受欢迎的人，却没有发现身上自带某种不受人欢迎的模式。如果不主动地向内探索和主动修炼，就难免活得像寓言中的乌鸦一样，无论搬到哪里都不会受人待见。

《大学》有言：“自天子以至于庶民，壹是皆以修身为本。”每个人都是为了修身来到这个世界的。从修身的角度看，我们既要借助人际关系照见自己，了解真实的自己，探索自己需要提升的人际模式，又要通过实实在在的关系去刻意练习新的与人相处的模式。在与人相处的过程中产生的所有不适都可以理解为外部的反馈。人际冲突引发的激烈的情绪反应恰恰是你探索自己低效能、低版本防御模式的线索。有诸内才显诸外，情绪其实是内在分裂实在难以抑制后的外显。

人际冲突是内在分裂的外显

在我的一个线上训练营中有两个学霸，他们每天坚持听音频打卡，每天的心得都超三千字，而且图文并茂。他们牢牢地占据了学习参与榜的第一名和第二名。慢慢地，彼此都意识到自己在和对方“飙戏”。一次，学霸甲在学霸乙的打卡后面写了很长的评论，言语中似乎带有贬低对方的意思。于是就引起了学霸乙的不满，“既生瑜，何生亮”，她恨死学霸甲了。不久，戏剧性的一幕出现了，他们被安排在同一个研讨小组，两人在线上会议中见面了。学霸乙就非常犀利地说：“我原本打算一辈子都不想再见到你，你那次对我作业的评论深深地伤害了我。”学霸甲感到非常意外，却也没有为自己辩解，只是解释了自己努力打卡的原因，她说：“我从小家庭条件不好，也没机会上好大学，内心一直很自卑。工作后才发现，只有靠自己付出极大的努力，才能得到大家的关注，才能赢得上司和同仁的认可，为自己争得一席之地。‘死磕’已经成了我刻在骨子里的习惯。我也很惊讶怎么还有另一个比我还能‘死磕’的同学。”

学霸甲的解释瞬间让学霸乙释怀了。原来，她自己也是这样的人。从小缺爱，追求完美，总是付出极大的努力，把事情做到极致，以期赢得家长、师长、领导的赞许。久而久之，也养成了与自己“死磕”的习惯。就在那一刻，她突然明白了一个道理：原来，自己讨厌的人其实是另外一个版本的自己。学霸乙来到她的生命中，她从此拥有了一面镜子，看清了自己的模式。同是天涯“自卑人”，相逢何必

“互相撕”。俩人很快就尽释前嫌，关系也升华为既同病相怜又惺惺相惜的闺蜜。

其实外面没有别人，只有自己。你讨厌的人有可能就是自己的另外一个版本。也有可能是他身上有你极其稀缺的元素。因为自己做不来，就将其贬低为不好的品质。比如有人为人和善，很善于给别人“梳毛”，所以人缘很好。而你情商不高做不到，却在心里将其合理化为：咱这人凭真本事吃饭，不拍马溜须，我跟他不是一路人。听上去是不屑，实际上是不会。所以，你讨厌的他身上有你稀缺的元素。而你修身的方向恰好在自己优势的阴影里。后来学霸乙经过反思后终于明白了，她说：“我的人生在某一个维度活出了近乎极致的完美，但付出的代价却是失去了人生的平衡。在某个维度上追求完美到了扭曲的程度，却错失了其他维度应有的精彩。”

朋友是我们的镜子

我很喜欢一句话：人生最大的痛苦不是别人不懂你，而是你不懂你自己。修身中最难的是真正了解自己。不懂自己有时候表现为死不承认，有时表现为强迫重复。米兰·昆德拉说：“朋友是我们的镜子，我们的记忆。我们对他们一无所求，只是希望他们时时擦亮这面镜子，让我们可以从中看看自己。”前文所述的学霸乙就通过学霸甲这面镜子照见了自己身上那种因为完美主义而使生命能量无谓消耗的模式。发现了自己的模式就可以通过有意识的刻意练习逐渐提高改进。我的训练营就是给大家营造了一个特别轻松、开放又有安全感的高质量场域，让大家在这个场域中愿意打开自己，愿意分享自己压抑在内心深处的经历。在这个场域里，你可以获得很多面镜子，跟每个人连接都是发现自己身上低效能模式的机会。照见自己那种尽管内心不断将其合理化，嘴上说看不上，实际上却做不来的稀缺元素。照见自己那种无意识地重复却毫无觉察的低效能模式。多年的经验告诉我，制约一个人成功和幸福的关键常常是一两个低效能的模式，甚至有时候你会发现这些模式很滑稽可笑，但它却实实在在地在某些关键时刻一再妨碍你获得成功与幸福。人际交往的意义就在于通过关系的镜子照见自己身上的模式。一个人只有通过对自己与人相处过程中的各种冲突进行深度剖析，才能发现自己内在的模式。

我的线下课上来过一位气质高雅的女生，三年离过两次婚。在第二次离婚后，她已经心力交瘁了，经人介绍来上我的课。我很快探明了她在亲密关系中的不独立模式，就建议说：“你要先做好自己，改掉自己的低效能模式后一定会找到幸福。如果你继续现在的不独立模式，即便走入第三次婚姻，也不会幸福。”她很不服气地反驳说：“田老师，敢情前两任婚姻的失败都是因为我的错？”我说：“听完你的故事我就知道，你身上存在着一种高高在上的优越感，总喜欢被别人捧着，特别享受别人围着你转的那种感觉。偶尔你老公不围着你转，你会解读为他不爱你了。这是典型的不独立的表现。”我在她的讲述中了解到她第二次婚姻失败的原因。她内心特别渴望暖男老公，渴望老公以她为中心，处处捧她，围着她转。如果感受不到这种感觉，她就用各种各样作（zuō）的方式寻求关注。她说有一回，夫妻闹了一个不大的矛盾，她就负气离家出走，买了一张机票就去三亚了。她内心渴望老公追到机场把她哄回来，没承想老公也很生气，并没有像她预想的那样追赶。她到三亚就发朋友圈，内心又渴望老公看到朋友圈就火速飞到三亚哄她回家。结果老公还是没有行动。她实在受不了了，就躺在沙滩上打电话“讨伐”老公：“你为什么既不追赶，也不拦截？为什么看到朋友圈不火速赶到三亚？”她是用这样作（zuō）的方式寻找存在感，秀优越感。渴望老公始终捧着她，对方稍不到位，她就会诠释为对方不爱自己。于是，两人大闹一场就这么分手了。

平心而论，她的两任老公都是不错的男士。问题就是她自己太矫情，老渴望得到别人的关爱，享受被宠爱、被人捧在手心的感觉。如果老公不能给她持续的关注，让她找到优越感的话，她就蔫了。这种模式是典型的不独立的表现。

她还有点不认同我对她模式的解析，辩解道：“不对啊！在原生家庭中，我爸就老是围着我妈转啊，把我妈和我捧在手心里。”我说：“这就找到根了。你妈运气实在太好了，遇到你爸那么好的丈夫。而你没有你妈那么好的运气也能找到像你爸那样万里挑一的好丈夫。实际上你从原生家庭中无意识习得的丈夫的原型扭曲了。你以为全天下的男人都应该像你爸宠你妈那样对待他老婆。这显然是一种错觉。如果你自己不能学会独立，逐渐在自己身上找到自信，学会自己爱自己，老靠别人捧着才能幸福的话，你婚姻幸福的条件就会变得异常苛刻。你很可能对任何人都很挑剔，渴望他们哄着你、捧着你，否则会因为缺乏精神食粮而萎靡不振。一个人只有学会独立、自爱，才有能力经营出高质量的亲密关系。”

当两面镜子照出的你都是丑陋的，就不能怪镜子了，要反思自己的模式。

修为高深的人能处理好各种关系，扮演好各个角色。有一个关系没处理好，让你纠结或消耗，就说明你内在的“卡点”还没有被疗愈。

在人际交往中修炼自己

阳明先生说：“知是行的主意，行是知的功夫。”“知是行之始，行是知之成。”从知道到做到的距离很远，再好的知识不用也产生不了价值。在关系中照见自己、发现自己的低版本模式仅仅是病情诊断，接下来的修炼才是重点。

比如在我的重塑关系训练营中，某人照见了自己的拯救模式：总是试图改变一切，不仅自己活得很累，而且身边的人也跟着受累。试图让整个世界都按自己设想的方式运转，把自己能量耗尽也无济于事。发现了自己的低效能模式之后，就要有意识地修炼。完美是要付出代价的，在一个维度上追求极致往往会忽视其他维度。完美主义者可以是一个很好的下属，但很难成为一个好领导，因为完美主义者会在无形中把对自己的高要求强加给别人。只有先接纳自己不是万能的，才能接纳别人的不完美。结束了跟自己较劲的模式，才能释放足够的能量去开拓其他领域，发展其他能力。一个低版本的模式修炼通了，另一个“卡点”就又冒出来了。那就接着照镜子，接着修炼。制约一个人的“卡点”是有限的，而学习却是无限的，所以你要经常在关系中照镜子。镜子要天天照，高手会把自己与任何人的相处都当成一个对自己心智模式的诊断过程，以外显的冲突为线索，探索内在的模式问题。

■ 在关系中刻意练习

觉察到自己身上的低效能模式后，要通过刻意练习去改变。此时我们仍然要借助关系的力量，在相处中做刻意练习，还要在关系中验证刻意练习的效果。有效果的话就要坚持，效果不佳的话就要复盘反思，再次调整迭代。阳明先生说："凡事须在事上磨。"你所遇到的一切冲突都是你"悟道"的礼物。你所遇到的每一个挑战，都是你修身的功课。

曾经一位学生在课堂上声泪俱下地倾诉她重男轻女的父母给自己童年造成的创伤。她几近歇斯底里，其中包含了无尽的委屈和痛苦的挣扎。更让她痛苦的是，面对日渐衰老的父母，她也想尽一份孝心，可是怎么也爱不起来。我了解情况后给她讲了三点：首先，要从童年的阴影里走出来。如果你不主动跟童年和解的话，童年创伤会一直暗耗你的生命能量，人生很难精彩绽放。如若不能精彩绽放则更对不起自己童年的牺牲，余生也成了童年创伤的殉葬品。其次，要选择原谅父母，并不是因为他们没有错，而是自己要告别不堪的童年，重新开始全新的生活。虽然童年有很多迫不得已，但现在的生命完全属于自己，只有选择余生精彩绽放才能告慰童年的自己，才能活出自己。最后，用更大的格局看，其实父母也是重男轻女思想的受害者，他们的偏见也是经由他们的家族系统植入的。重男轻女并非他们的本意，而是被当时的陋习裹挟了。幸运的是，家族系统接力棒已经到了你的手里，你不仅肩负起了家族兴旺的重任，还可以借机重塑家族文化。

后来，她有意识地跟父母连接，有意识地向父母倾诉她童年所受的伤害。她父母也逐渐认识到偏见所造成的恶果，向她道了歉。对她而言，更加有意义的功课是她能看见自己的内在小孩，与自己的童年和解。这里的内在小孩和“狗熊”是差不多的概念，都指人性中的动物性残余，从发展的角度称之为内在小孩，从存在的角度称之为“狗熊”。一旦疗愈了内在分裂，她再看父母也不会那么放不下。经过一段时间的脱敏练习后，她一点点地接纳了父母。上一次连线时，她告诉我她内在的纠结消失了，更多的是家族荣耀带给她的力量感和责任感。

每个人与父母的连接质量决定生命的质量。向内看，父母是你连接家族系统的“路由器”。你身上流着父母的血，从某种意义上讲，否定父母就意味着否定自己，必然会造成自己内在的分裂。向外看，你与社会上任何人的连接都派生于最初与父母的连接，疗愈了与父母的关系会大大提升你处理人际关系的能力。恨其实是扭曲的爱，你只有用高超的智慧捋顺其中的扭曲才能感受到其中的爱，也才能把创伤转化为动力，将消耗转化为滋养。冰冻三尺非一日之寒，创伤不是一天形成的，也不可能凭借一个醍醐灌顶的顿悟就全然消失。而是需要大量的有针对性的刻意练习。

处理亲密关系也是同样的道理。婚姻的意义就是两个人在亲密关系中，彼此为镜，结伴成长，协同进化。人生的每个阶段都有必修课，所谓光棍不懂养家的难，不养儿不知父母恩，经历了各个阶段，扮演了多个角色后，我们才会对人生有一个完整的体验，对修身有更深刻的领悟。比如有人选择不结婚，拼命挣钱，潇洒地花。财富维度的成功却终究无法代偿生活维度的缺失。就像旅游中只游玩了部分景点，其他景点没去一样。同样，亲子关系也是一种陪伴成长的关系，孩子来到你身边也是帮你领悟某些人生真谛的。对孩子的教育也不能是简单粗暴地只要求孩子改变而对自己却放任自流。任何关系的改善都是双向奔赴的过程，彼此都朝着更好的方向改变，关系才能更好。把挫折、失败、批评当成反馈的人，才是学习高手。所有来到你身边的人，所有发生在你身上的事都是为了让你变得更好。

■ 持续迭代中止于至善

模式没有最好，只有更好。你好不容易通过刻意练习建立起来的新习惯也许是落后的版本，持续精进才是修身的真相。人工智能对人类最大的威胁就是其惊人的迭代速度。这迫使我们每个人都要成为终身学习者，未来的竞争不是存量知识的竞争，而是学习力的竞争。

电视剧《大军师司马懿》中的司马懿说：“臣一路走来，没有敌人，看见的都是朋友和师长。”他不仅内心强大，而且学习力惊人！能把一切挫折和伤害当成反馈，不断发现和打磨自己为人处世的模式的人，才能说出这样的话。

当你遇到一位跟你相处得非常融洽，总是让你觉得很舒适的人时，也许是因为人家了解人性、明白事理，愿意主动俯下身来，降低姿态跟你“向下兼容”。只有当你觉得周围人都是帮你进步的师长和朋友时，才是进步的标志。我说这些也并不代表我都做到了，我跟大家一样也在修身的路上，也在持续照镜子找“卡点”，刻意练习，寻求反馈。我喜欢那种充满活力、持续进步的感觉。

总之，人际关系能力是一个人最底层的能力，幸福离不开亲友的滋养，成功离不开亲友的助力。人际关系能力的提升只能在与人相处中进行，首先要借助关系的反馈，照见自己在处理人际关系中的低效能模式，制订行之有效的改进方案。其次，要在与人相处的过程中刻意练习，把更好地与人相处的模式固化成习惯。最后，还要持续迭代，持续提高。

对提升人际关系能力的四大建议

觉察到自己身上低版本、低效能的模式却不去努力改变，最后甩锅给禀性难移才是最大的错。无论是我自己的修身实践还是教学实践，都给了我足够的支撑，让我相信禀性难移是一种限制性信念。禀性难移是因为你不想移，也不会移。所以，要想提升人际关系能力首先要发自内心地相信人是可以通过刻意练习改变禀性的。其次要用正确的方法、创造有利的条件进行有意识的练习。为此，我给大家提四条建议。

所遇皆资源，所见皆机缘

要相信，你今生遇到的所有人，都不是“冲你”来的，人各安其身、各忙其事，没有人会存心跟你过不去。你与谁起冲突、过不去，都会照出你身上的问题。所有让你“炸毛”的事情，都是没修好的功课的再现。一场冲突中，哪怕你认为99%的错都在对方身上，那你身上还有1%的问题值得反思。从某种意义上讲，你遇到的每个人都是你修身的陪练，都在有意无意地帮你修炼更好的自己。问题是你常常不把对方当成陪练，放纵自己的熊脾气，一时逞强却耽误了一生的持续成长。对善于持续成长的人而言，所遇皆资源，所见皆机缘。不仅不会轻易放过每一份经验，而且会珍惜出现在生命中的每一个陪练。

一次我跟好友喝茶论道，他的一位学生作陪。我们俩天马行空、谈天说地，他的学生却显得愁眉不展、郁郁寡欢。只要我们聊天中有一个停顿的机会，他的学生就迫不及待要问：“老师，你看我这婚姻还有救吗？我平时在外面一飘十天半个月不回家，特别想女儿。可是一回家，家里的气氛就让我窒息，在家半天都待不住，就又想出去。你看我这婚姻还有救吗？”他跟祥林嫂一样，打断了我们好几次，就一脸无助且一个劲儿地问：“你看我的婚姻还有救吗？”我的朋友可能被问得有点烦了，就深吸一口气说，“我就给你讲个寓言故事吧。”

话说人生就是要不断成长，每个人来这个世界上都带着修炼的功课。最难修炼的功课是什么呢？是嗔。就是嗔恨的意思，怨恨、嫉妒、责怪等都属于嗔。话说有个人完成了一世的修炼，他一生做好人，修炼得很有成绩。各方面都有显著提高，唯独这个嗔的功课提高不大。所以还要再次修炼，但想要修炼嗔必须得有个陪练，为了修炼好嗔，得在朋友圈里找一个好友给他当陪练。于是他就在自己的朋友圈里征集陪练："各位好友，谁愿意陪我走一趟互为彼此的陪练？"一再邀请，却没人搭理他，这让他很尴尬，嗔心也起来了，暗忖：这些好友怎么都这么不够意思。就在他很难收场的尴尬时候，他之前最好最好的朋友开腔了："实在找不到人的话，还是我再陪你跑一趟吧。谁让我们是好朋友呢？"其人闻言欢呼雀跃，脸上流露出掩饰不住的高兴。就在他欢呼雀跃的时候，蓦然回首，却发现他的朋友向隅而泣，泪流满面。他就不解地问："彼此相伴陪练，这么高兴的事情，你怎么反倒哭了呢？"他朋友说："陪你走一趟我倒是毫无怨言，但我最大的担心是你会忘了我们是陪练的约定，到了人间，你把一切冲突就当了真，真嗔恨上我了。"

我的朋友讲到这里，微微一笑抛出一个金句："所有今生跟你过不去的，都是你上辈子最好的朋友，都是你的陪练，请珍惜你身边的每一个人。"

我当时就有醍醐灌顶的感觉。我认为，这个故事可以成为人际冲突爆发前的救命丹药。在你实在控制不住即将发飙的时候，只要大脑里能够闪出这个故事，定会起到灭火的作用。所有走进你生命中的人都是你的陪练，都应该视为修身的贵人。

你修身的方向就在你优势的阴影里。优势越明显，阴影越大，该优势下面掩盖的盲点越多。同时，你讨厌的人身上藏着你稀缺的某种特质。你的讨厌有可能是包装起来的嫉妒，自己做不到反把人家贬得一文不值。如果你发自内心地把所遇之人都当成资源，把所遇之事都当作悟道的机缘，一切都会变得不一样。

烦恼化智慧，智慧化烦恼

其实，所有烦恼都是化作智慧的原料，智慧是化解烦恼的解药。有很多人对烦恼以及受过的创伤持有回避态度，将伤疤尘封，讳莫如深，反倒错失了修身的契机。那些能够在挫折和批判中学习的人，才是真正的高手！在人际关系中遇到的烦恼都可以当作修身的素材，你越愿意打开内心，越愿意直面创伤，就越容易把烦恼转化为智慧。因为烦恼和智慧的差异常在一念之间，障碍是暂时不同频的资源。一旦把烦恼转化成智慧之后，你就积累了一笔心理资本，以后遇到类似的事都能够轻松化解。没有个人的好恶就没有烦恼智慧之分，烦恼原本是我们的意识建构出来的，客观讲一切存在没有好坏，都是真实存在。只有发自内心地接纳了真实存在，才能释放原本用于和烦恼纠缠的那一份能量，从而心生智慧，用智慧去化解烦恼。接纳了烦恼，视烦恼为存在，才有机会换一个角度重新审视烦恼，生出智慧，并用智慧化解烦恼。烦恼可以转化为智慧，反过来智慧可以化解烦恼。我们要坚信：不能把创伤转化为滋养说明反思不够深刻，不能把挫折转化为智慧说明复盘还不够彻底。

尽管我们遇到的人是千人千面，但仔细推敲后也无非是若干大类而已。跟一个人能够相处好，你就能跟某一类人相处好。一定要敢于面对各种各样的人际烦恼，跟任何人相处，都不要只看自己“受到”

了什么，而要关注自己学到了什么。把一切“受到的”转化成“学到的”，即便受到伤害，也能将伤害转化为与人相处的智慧。如果一个人总在琢磨把人际关系中遇到的烦恼转化为与人相处的智慧，就等于持续升级自己为人处事的软件。软件升级后，再看当初的烦恼就会觉得简直太不值一提了。

■ 自省不自责，自信不自大

我的训练营中还有的学员越学越觉得以前的自己太幼稚，犯了很多低级错误，反而陷入深深的自责中！我以为，自省非常必要，自责则大可不必。只有完全接纳过去自己的不完美，才有足够的能量修炼成更好的自己。与其在自责中暗耗能量，不如立足当下，努力让自己变得更好。有的父母学习完关系课程后为其以前野蛮粗暴的管教方式而自责，我就宽慰他们说：“谁也不可能修炼成圣人再要孩子，而客观上孩子的成长也需要面对这些野蛮粗暴，这些野蛮粗暴也是孩子修身的素材。”

换个角度看，与任何人相处其实都是和自己相处，经常自责的人也会责备别人。孔子能做到温良恭俭让，首先是因为他不跟自己“死磕”，能乐天安命。我经常说：“完美主义者能成为好员工，却很难成为好领导。”因为他会无意识地把自己的高标准、严要求强加给下属，甚至会对下属非常苛刻。接纳是改变的开始，只有真正接纳了自己的不完美，你才能腾出手来从容自在地奔向完美。

除了自责，另一种不好的倾向则是自大，有的学员学完关系课程后觉得自己能力变强了，套用所学内容对身边的亲友指手画脚。亲友不接受，他反倒被气得不行。大家似乎都会经历这样一个阶段，就是误以为自己开悟了，能拯救世界。刚刚从自责的困境中解脱，却又陷入想拯救世界的自大的牢笼。学了点知识就觉得自己自命不凡，表现得狂妄自大。中国古代崇尚修齐治平的次第，改变世界要先从改变自己做起。改善关系就是帮助你成为更好的自己，不要妄图改变周围的人。妄图改变别人的人往往忽视了一点：自己恰是别人的环境。一个三口之家，你占对方环境的50%。二人世界，你甚至是对方环境的100%。改变别人的最佳方式是自己悄然改变，对方就会因为要适应你、想模仿你而发生改变。

■ 用心不上心，努力不费力

最后，修身是一辈子的事。所以要用心修炼，但不可以过于劳心。老子说："飘风不终朝，骤雨不终日。"狂风暴雨都不可能持续，而修身更是需要日拱一卒的功夫，需要每天进步1%的持续精神。要适当努力，却不能太过费劲儿。太费劲儿会很容易把人带入惶恐区。努力意味着用一股能量去征服另一股能量，本身就是能量的消耗行为。善于持续成长的人总会十年如一日地恰到好处地走出舒适区，却不让自己处在惶恐区。

我见过太多看上去悟性很高的学员聪明反被聪明误的例子了。他们一听就懂、一看就会，最容易自以为是，把没搞明白的细节自行脑补一下就觉得自己懂了，最终的结果必然是眼高手低。遇到真实挑战、面对真实问题的时候，这些人反倒会变得捉襟见肘。因为如果不亲自动手实践，很多细节是无法领悟的。所以越聪明的人似乎越容易和高能智慧擦肩而过。而恰恰是那些不太聪明的却有些“愚公精神”的人，愿意踏踏实实去践行、去应用，往往能拥有智慧。《论语》里说：“子路有闻，未之能行，唯恐有闻。”子路每每学到一点知识，如果自己还做不到，就唯恐别人再告诉他新的知识。看来子路深谙学习的本质，那就是要努力做到知行合一。再聪明的人也要下笨功夫，否则知见没法转化成能力。

第二章

不懂人性，难处关系：知己解彼的智慧

我们常说：人心难测。人的善良和残暴都可以达到超乎想象的地步。就像驾驭复杂机器要先看说明书一样，与人打交道首先要了解人性，这是人际能力的基础。不了解人性既难以与自己相处，也很难与别人相处。本章从人性的底层结构和形成过程两个方面展开探讨人性。

人性的棱镜分解

我在重塑关系训练营中先抛出一个话题：说到朋友，你能联想到哪些定义朋友关系的词语？大家很容易头脑风暴出很多：有的人说驴友、球友、饭友，还有人说同事、战友、领导，还有人说书友、学友等，很快就可以收到一整个白板的几十个定义朋友关系的词语。我们就一起将这些词语进行分类。稍加梳理就会发现，其实这几十个词语无非分为三大类。第一类界定吃喝玩乐的朋友关系，比如驴友、球友、棋友、饭友等。第二类界定共同做事的关系，比如同事、战友、领导等。第三类则跟修身学习、共同提高有关，比如同学、书友、学友、诗友等。把关系梳理为三大类后，隐藏在不同关系背后的人性就显现出来了。正是由于人性的复杂性造成了关系的多样性。表面上浑然一体的人，其内在可以分解为三个部分。

■ 第一部分：动物性，隐喻为“狗熊”

进化论认为人是从灵长类动物进化来的。谁都无法否认我们身上保留着动物残留。为了方便交流，我姑且把人身上残留的动物属性隐喻为“狗熊”。每个人的内在都潜伏着一只狗熊，而且狗熊的性格还各不一样。在课堂上，我经常说我能看到每个人身边蹲着的狗熊，所谓的各人脾气不同，我认为主要是指狗熊的性格不同。

■ 第二部分：人性，隐喻为“凡夫”

经济学对人的基本假设为理性人，认为每一个经济主体所采取的经济行为都是力图以自己的最小经济代价去获得自己的最大经济利益。其实，经济学假设的理性人仅仅是人性中的一部分，我把这部分隐喻为“凡夫”。心理学家卡尼曼就站出来挑战经济学的理性人假设，他指出，除了理性思考的系统Ⅱ外，还有一部分感性思维、直觉反应的系统Ⅰ。系统Ⅱ接近凡夫，系统Ⅰ近似狗熊。

第三部分：神性，隐喻为“圣人”

除物质世界外，人类还有一个精神世界。即生命不只有当下的苟且，更有诗和远方。驻扎在每个人内在的神性，我将其隐喻为“圣人”。王阳明先生说：“各人的胸中都有一个圣人，只因自己信心不足，自己把圣人埋没了。”他也曾经用实验检验过这部分的存在。他抓到的盗匪自称其身上的良知早已泯灭。王阳明就让盗匪当众把衣服全部脱掉。那盗匪就为难了。王阳明说：“你既然不愿意，说明身上还有羞恶之心。”羞恶之心，义之端也。说明盗匪身上的良知并没有泯灭。

人们借助三棱镜能够把自然光分解。同样，人性也可以分解为狗熊、凡夫、圣人三个部分。这三个部分一直在我们身上，而且时刻都在争夺话语权。所谓的小人就是其内在狗熊占了上风的人，所谓的君子就是其内在圣人占了上风的人。小人和君子只是人性的不同侧面而已。像水有固体、液体、气体三态一样，人也有狗熊、凡夫、圣人三态。盘点一下自己的朋友圈，你会发现朋友原来也是可以细分的。有些朋友只是我们内在狗熊的朋友；有些朋友是内在凡夫的朋友，还有些朋友是内在圣人的朋友。人性是立体的，朋友也是立体的，最可贵的朋友是彼此的内在狗熊、内在凡夫和内在圣人都成为好友。

自我省察的旁观者，隐喻为“智者”

为什么要借助棱镜对人性进行分解呢？有一次我给某企业讲领导

力的课，课后他们的老板问我："田老师，古人所说的'一日三省吾身'，究竟是一种道德理想呢？还是有一套可操作的手段呢？我觉得当局者迷，一个人要自己省察是很难的。"我说："你问了一个特别好的问题，一个人如果不能有效地分解自己，就不能省察自己，不能省察就没有改进。修身的第一步就是分解自己，省察的本质就是用旁观者视角审视局中的自己。"受这个问题的启发，我又引申出一部分自我，并将其隐喻为"智者"，也就是作为旁观者，自己审视自己言行的这部分大脑机能。自我觉察能力是柯维在《高效能人士的七个习惯》中所说的人类四大天赋之首。

人都是同构的，即有同样的内在结构。你放纵你的内在狗熊待我，我自然会激活自己的内在狗熊回应，这就是狗熊来，狗熊往。同样，凡夫来，凡夫往；圣人来，圣人往。温和的人首先是因为自己的内在狗熊、凡夫、圣人能够和谐相处，所以才呈现出和颜悦色的样貌。暴戾的人则是因为其内在狗熊、凡夫、圣人严重分裂，冲人发飙不过是把内在矛盾转化为外部冲突罢了。

■ 读懂自己，也读懂别人

与人相处的关键在于读懂他人。人性的棱镜模型能帮你读懂很多人，那些罪大恶极的家伙，是在特定的情境下全面激活了他们动物性的一面。那些大英雄是在特定的情境下激活了他们身上圣人的一面。电影《我不是药神》就生动地演绎了人性的三部分如何在特定情境下的切换。凡人被生活逼到绝境会铤而走险，而其神圣感被激活后会不计安危地舍身救人。

好莱坞有位专演反派的影星叫李·马文。记者采访他时问：“你演坏蛋已经三十年了，扮演坏人是什么感觉？”马文反驳说：“我没有演坏人。我演的都是那些被生活逼到绝境，为了挣扎度日不得不铤而走险的可怜人。其他人可能会认为他们是坏人，但他们不是，我从来没有演过坏人。”通过马文的回答就看得出他深谙人性，真正读懂了他演的那些角色。

同样，你也可以借助棱镜模型更好地理解自己。人生中的大多数烦恼不是因为别人不懂你，而是因为你不懂自己。要看见并接纳自己的内在狗熊，接纳自己的平凡和庸俗。**不能接纳平凡和庸俗的人，也很难最终走向伟大。**另外，你也要善于激活自己的内在圣人，善养浩然之气，努力活出值得尊敬的自己。

不会分解人性的人很难灵活处理人际关系中的各项问题。只有将其分开才好分而治之，各个击破。每个人也都可以借助棱镜分解工具重新审视一下自己，也可以尝试跟自己的内在三部分对话。反观一下你内在狗熊的性格是什么样的；深入了解你的内在凡夫，他更在乎什么；连接一下你的内在圣人，让人性中的善良天使带来光。

人的三种模式及与其相处的策略

既然人有狗熊、凡夫、圣人三态，且会在不同情境下呈现出不同的状态。那么，了解人性就意味着要懂得其各个部分的特性和诉求。人际交往中最大的烦恼就是大家不在同一个频道上，当对方歇斯底里的时候你给他讲道理，是对牛弹琴；当对方患得患失的时候你给他讲情怀，是鸡同鸭讲。这就要求你进一步了解狗熊、凡夫、圣人三者的特性和诉求。

■ 狗熊：你死我活的“存亡”模式

很多时候人会活出由内在狗熊主导的状态：歇斯底里、火冒三丈、以头抢地等，都是在描述这种状态。其本质是个体完全被内在狗熊绑架了，陷入不能理性思考的困兽挣扎状态。而社会对个体的基本要求是要保持理性状态。任何人放纵自己的内在狗熊，都要为其后果负责。内在狗熊也不是无缘无故发飙的，激烈情绪的爆发都是因为核心的诉求没有被满足。

内在狗熊有四大核心诉求。第一是安全感。当身体或生存受到外部威胁，缺乏最基本的安全感时，内在狗熊就会被激活，进入“战斗—逃跑”模式。第二是满足感。特指生存所需的基本需求的满足，不会说话的婴儿大哭大闹时，多半是因为某种基本需求没有被满足。第三是归属感。一方面，自己的领地被侵犯，内在狗熊会拼死捍卫自己的领地；另一方面，被群体中的其他成员排斥，资格被剥夺，个体也会缺乏归属感。第四是效能感。孩子喜欢不断地关灯开灯，他非常享受那种通过开关控制灯光的效能感，似乎在向全世界宣告：你看，我能控制灯光。失去控制就会丧失效能感，进而引发愤怒、恐惧、焦虑等负面情绪。

一旦内在狗熊炸毛，进入发飙状态，一定是因为以上四项诉求中的一项或多项没有被满足。想要懂内在狗熊就要透过内在狗熊炸毛的表象去分析其内在诉求。**用情绪对抗情绪是人的本能，用理性回应情绪才是成长的表现。**有修养的人会用好奇心替代防御态，分析对方炸毛行为背后，内在狗熊的哪方面没被满足。当然，自己处于情绪状态时也可以带着好奇心去觉察。要觉察别人的内在狗熊，可以先从学习觉察自己的内在狗熊入手。

内在狗熊的反应模式是“战斗—逃跑”模式，决策依据是“存亡危机”。个体一旦感受到有生命危险时就会本能地、无意识地启动“战斗—逃跑”模式。一旦进入这种模式，身体的非核心机能就会全部关闭。大脑驱动身体释放应激激素——甲状腺素、肾上腺素、皮质醇等，整个身体进入僵硬的对抗状态。

孔子说：“虎兕出于柙，龟玉毁于椟中，是谁之过与？”放纵猛兽出来伤人，是谁的过错？孔子这段话指明了所有人终其一生的修身功课，那就是管住自己的内在狗熊，同时让才华能够得以绽放。无论是自己的内在狗熊还是别人的内在狗熊，与狗熊相处有四条基本的策略。

第一，不放纵。越放纵内在狗熊，失控的阈值越低。一旦让内在狗熊尝到发飙的甜头，一个人的脾气就会越来越糟。越是责任重大的人越不能感情用事。孙子说：“主不可以怒而兴师，将不可以愠而致战；合于利而动，不合于利而止。怒可以复喜，愠可以复悦；亡国不可以复存，死者不可以复生。”放纵内在狗熊很容易捅出大娄子。

第二，不压抑。内在狗熊也需要生存空间。人常说：“狗急跳墙，兔子急了也会咬人。”动物性被压抑久了很可能引发报复性反弹。如果一个人在内心里一直压抑他的内在狗熊，把内在狗熊逼到死角，一旦压抑不住，它就会爆发。所谓堵不如疏，用意志力对抗内在狗熊是迟早要崩溃的。

第三，即时看见。内在狗熊还有一个特别重要的诉求就是渴望被看见。平常人总是用意志力压抑自己的内在狗熊，而内在狗熊越压抑则越渴望被关注。为了获得关注，内在狗熊会更加猛烈地敲内在凡夫的家门，搞大动静以吸引关注。如果仍然得不到关注，内在狗熊就会咆哮失控。无论是自己的内在狗熊，还是别人的内在狗熊，都有一个终极的诉求——被看见。比如某下属在领导面前抱怨工作特别难干，客户不配合，人手不够还存在内部掣肘等。仔细想想下属抱怨背后的诉求是什么？他渴望领导看见他的不容易和所付出的努力。渴望领导给他梳梳毛，给一些支持和鼓励。若领导陷入论证模式："我们掰扯一下你干了多少事？就这点压力就扛不住了？"几句话就把下属的工作热情给彻底浇灭了。

第四，有限满足。不放纵也不压抑，有限满足就是最好的选择。孩子玩游戏正在兴头上的时候，家长一把抢过孩子手上的手机，这时孩子的内在狗熊突然四感全无，就会跟家长大闹。合理的处理方式是跟孩子协商：再玩五分钟行吗？再给五分钟就是有限满足，让孩子也有个心理准备。有限满足还包括有条件地满足，比如做十道数学题，就可以玩 10 分钟游戏。《黄帝内经》讲"饮食有节，起居有常"，就是要让内在狗熊懂得节制。

■ 凡夫：趋利避害的"得失"模式

内在凡夫的状态就是经济学里假设的理性人状态，其决策原则就是趋利避害。面对一件事，有利可图就做，无利可图甚至有风险就回避。内在凡夫信奉：没有永远的朋友，只有永远的利益。

内在凡夫最善于做价值评估，也有五大核心诉求。第一，成就感，就是内在感觉，就是自己觉得自己很厉害，做成某件事可以向他人展示。第二，成长性，就是借做某些事情发展出新的能力，获得成长的快感。如果说成就感是已有能力的价值实现，那么成长性是对未来能力的价值期待。第三，施展空间，就是指人需要一个技术能够充分发挥、才华能够尽情绽放的平台。第四，社会认同，指获得他人的赞许、认同。如果说成就感是自己对自己的赞许，那么社会认同就是别人对自己的赞许。第五，现实利益，就是实实在在的物质回报。如果做某件事能够满足内在凡夫的上述五样诉求之部分或全部，内在凡夫就被激发了。如果持续得不到满足，甚至会引发内在狗熊的炸毛。比如某人受到不公正的待遇，会因为触及更底层的归属感、效能感而引发内在狗熊炸毛。员工要辞职，表面上的理由可能五花八门，但归纳起来一定是因为其内在凡夫的五大诉求没有得到满足。

当一个人呈现出内在凡夫的状态时，你和他谈上述五点价值他能听进去。一个人如果主动探寻有挑战性的工作以期能带给自己回报时，可以按五大核心诉求结构化地寻找工作的价值与意义，一旦他找到了属于自己的意义和价值，那么迎接挑战的动力就更足了。与工作谈恋爱，主动寻找挑战性工作背后隐藏的五种价值就是给工作赋予意义的过程。如果工作不可避免，就赋予其意义吧，高手最善于说服自己。

当一个人呈现出内在狗熊的状态时，你给他讲五种价值则是对牛弹琴。**不给处于情绪中的人讲道理，也不在情绪中给他人讲道理。**讽刺的是，很多人就喜欢给陷入情绪中的人讲道理。内在狗熊状态下的人听不进去任何道理，需要情感的安抚，即梳毛。懂得觉察对方的状态，根据对方的状态采取不同的应对策略的人才是高手。**不顾他人感受地讲道理则是低情商的表现。**当你觉察到他人的内在狗熊已经快炸毛的时候，就不要再拱火了。“千金之子，坐不垂堂。”人一旦失去理智被内在狗熊掌控就会变成非常可怕的“野兽”。绝不要轻易触怒别人的狗熊，将自己置身于危险之中。

跟内在凡夫打交道，也有四条原则。第一，不强求。人各有志，志各不同。无论是对自己还是对别人都不必太过勉强，把自己搞得不像自己，内在就会分裂，心理就会扭曲。第二，不耗电。要努力但不必太过消耗，凡事要顺势，太过消耗能量时就要反思自己是不是在蛮干。尤其不要在别人的事情和无关大局的事情上消耗过多精力。强求和耗电有一个共性，就是过度消耗意志力。意志力其实是一种很稀缺的精神资源，千万不要过度消耗。第三，和谐独立。内在心理要和谐，外在人格要独立，这是很高的标准。内在不和谐和外在不独立似乎总是成对出现。有的领导总是向下属施压，表面上收效明显，其实是把矛盾转移到下属的内在。并非发自内心而是迫于形势的下属，其内在会很不和谐，久而久之，爆发的危险就很大。《三国演义》里的张飞对属下过于严厉，轻则打骂，重则杖杀，最终被部将所害。《水浒传》里的杨志过度逼迫挑夫，导致生辰纲丢失。因为内在凡夫用理性脑工作，所以善于伪装。了解人性就是要善于识别身边那些伪装的人。竖刁为取悦齐桓公极尽阿谀奉承之事，齐桓公竟因此感动，最后下场很惨。人生最大的危险就是被一群善于伪装的人包围，你却浑然不觉。当他们摘下面具的时候，你后悔都来不及了。我为和谐独立设计了一个指标——保真度，即自己在多大程度上能保持真实，亲友在你面前又有多大程度能保持真实。保真度并非越高越好，但低于某个值就绝对不行。第四，省察存养。内在凡夫的优势是理性思考，人类运用思维的最高形式是反思。王阳明说："省察是有事时存养，存养是无事时省察。"遇事的时候要省察自己的反应是否妥当，事后要反思自己的行为是否合适，把具体的经验转化成处事的智慧就叫省察存养。

■ 圣人：为善去恶的"善恶"模式

人人胸中各有个圣人。尽管内在圣人并非时刻在线，却不能否认在特定情境下每个人都可以活出圣人的状态。不同于内在狗熊的存亡模式和内在凡夫的得失模式，内在圣人的决策模式是善恶模式。内在圣人会把现实利益置之度外，用另一套更高尚的道德标准衡量一切。每个人的内在都有一位裁判，判断依据就是王阳明说的良知。稻盛和夫惯用一句话向自己发问："作为人，何为正确？"这句话可以理解成他唤醒内在圣人的咒语。

内在圣人有三个核心诉求。其一，意义。意义可以理解为非物质的价值，当然最好是高尚的、利他的价值。我经常把意义隐喻为一锅饭里的那一滴油，没有油的饭也能充饥，但不香。墨子曾经打过一个比方：假如有房子失火了，有人袖手旁观，有人却提水救火。最终房子还是被大火烧了。袖手旁观的人和提水救火的人一样吗？从内在凡夫功利的角度看，效果一样，但从人情冷暖的角度看，邻居帮忙救火，房子主人的心是温暖的。赋予意义就是要为平凡的工作赋予非凡的意义，比如让每一个在工地上砸石头的工人找到盖宫殿的感觉。我在总裁班上讲课时经常说："表面上看，大家都是老板，但是，有人在做事业，有人却在做生意，事业和生意之间就差一个故事。"领导者要善于用故事升华工作的意义。弗兰克尔说："一旦找到意义，痛苦将不再是痛苦。"人类是唯一能够苦中作乐的物种，为了诗与远方，乐于忍受眼前的痛苦。其二，信仰。易中天教授把信仰定义为对超自然、超世俗之存在的坚定不移地相信。也就是不假思索、未经论证就选择相信的事情。有句话叫作相信"相信的力量"，一般人是看见了才肯相信，高手是相信了才会看见。越在现实世界中困窘的时候，越需要在想象世界中找支撑。信念给人精神力量，所以比黄金还贵重。其三，愿景。愿景是对未来情景的描绘。斯蒂芬·柯维说任何事物都是经历两次创造而成。第一次是心智创造，就像房子的设计图。第二次是实践创造，就像建造房子。愿景是想象现实的心智创造。我将目标分为两部分，一部分是数字化的，比如实现营收若干元，数字化目标驱动人的意识。另一部分是画面化的，你可以详细刻画目标实现时的场景，越逼真、越具象越好。画面化目标驱动人的潜意识。想让下属浑身上下的每一个细胞都为梦想努力，就需要描绘逼真、生动的愿景。

与内在圣人同频需要遵循四条原则。第一，不媚俗。圣人更关注精神超脱而非现实利益，有异于内在凡人的追求。颜回为什么能"一箪食，一瓢饮，在陋巷，人不堪其忧，回也不改其乐"地安贫乐道？因为他找到了人生的终极追求，获得了超越物质的更高层次的快乐。清代名医黄元御感慨地说："窃以为天之厚安乐之人，不如其厚羁愁之士，丈夫得失之际，非俗人之所之也。"第二，不清高。圣人并非高高在上，反而胸怀天下、心有大爱、悲天悯人。这一点和那些道貌岸然的假专家有显著的区别，有些人读几本书就把自己伪装成专家，知识没有让他高尚，反倒使其高傲。第三，积极淡定。内在凡夫很容易陷入焦虑，是因为他做事情的动力源是物质的，是建立在竞争基础上的，很容易陷入横向比较和斤斤计较中。而内在圣人有超脱世俗的追求，他目标明确、立场坚定，做事情的动力源是内在的、非物质的，所以能够积极而淡定。第四，奉献担当。内在圣人胸怀天下，超越个人的小我。内在凡夫的游戏规则基于利益交换，而内在圣人依据超越功利的良知做事，认为做善事与得失无关。大家不要觉得内在圣人太高大上，实际上内在圣人就潜伏在每个人的心里，如孟子所说——人皆可成尧舜。

永远为人性的善良赋能

在每个人身上都是英雄和狗熊同在。没有一个孩子的梦想是成为罪犯，所有罪犯却原本都是天真无邪的孩子。当你用不当的方式激活了人性恶的一面时，也同时将自己置身于危险的境地！关键时刻，如果能想办法唤醒人性中善良的一面，危机也可能瞬间被解除。

是你让我们平静下来

《掌控谈话》的作者克里斯·沃斯曾是一名谈判专家，他整天和那些被自己情绪绑架了的非理性状态下的绑匪打交道。有一次他和3名携带武器的越狱犯人谈判，这些犯人已经被警方包围在一间屋子里。狙击手也已经准备出击。双方对峙了五六个小时，逃犯没有任何回应。

克里斯·沃斯用深夜电台主持人的声音（这种声音能让人恢复理智）向屋里的逃犯说道："似乎你们并不想出来，我知道你们担心门一旦打开，我们就会冲进去开枪。你们似乎并不想回到监狱去。"结果，门缓缓地打开，一个女人举着双手走了出来。克里斯·沃斯继续用这种声音喊话，鼓励他们用安全的方式结束对峙。最后，3名逃犯都走了出来。

后来他在讯问中问他们："为什么前6个小时都没有反应，最终却决定走了出来？为什么你们最终决定投降了？3名逃犯给出了一致的答案：我们不想被抓或被警察射杀，是你让我们平静下来了。"

人被逼到死角会激发出歇斯底里的防御和反抗，一旦被求生本能控制就变得毫无理智可言。克里斯·沃斯用同理心的语言，担心着罪犯的担心，让罪犯恢复了理智，从非理性状态中走出来，让他们做出了正确的选择。

你眼中的我与我眼中的你

有一男一女俩同事，共事了大半辈子也斗了大半辈子。互不欣赏却又不得不一起共事。他俩一见面就吵架，都看对方不顺眼。一天，眼看要下班了他们的架还吵得正酣。男的突然叫停："今天没工夫跟你吵了，没吵完的架咱们明天继续，今晚我要参加朋友聚会。"说完就走了。女士望着男士的背影犯嘀咕："像他这样的人居然还有朋友？"在好奇心的驱使下她悄悄尾随男士到了聚会的地方。她暗中观察发现自己眼中的烂人在另外一个场合备受尊重，别人都对其毕恭毕敬。她的烂人同事在那个圈子里地位很高，竟像智慧老人一样对敬酒的人指点江山。这一幕让她陷入沉思，反思了一夜后她悟到了：她心目中的烂人未必是烂人，只是对方在她心目中的印象是烂人。跟任何人打交道，你眼中的他或他眼中的你，每个人眼中的自己都不客观，都只是印象而已。与我们打交道的人并非客观的人，而是这个人在我们自己心中的印象。

没有真人，只有印象

假如你是第一次见一位陌生人，从见面的那一刻起，你就会以对方的言行举止在自己的脑海中建构他的形象。心力暗忖：这人像谁？印象建模其实是一个类比的过程，穿衣打扮有点张三的风格、言行举止有点李四的影子，笑起来像王五的神韵……一通类比之后，你脑海里就形成了对他的总体印象。第二次见面后，我们又会根据他新的言行举止来修正他在自己心目中的印象。三四次之后对这个人的印象就基本固定了，这就是心理学中所谓的刻板印象。刻板印象形成后，即便这人以后有不同的表现，我们的大脑也会忽略，这是大脑为了节省能量的一种反应机制，叫重复抑制。《大学》中说“人莫知其子之恶，莫知其苗之硕”，刻板印象一旦形成就很难改变了。

你眼中的我，是你以我在你面前的表现为线索，结合你自己的阅历和信念建构而成的，完全不是客观的我。同理，我眼中的你也是我依你的表现为线索，结合我的阅历和信念建构而成的，也非客观的你。我们都是在根据别人的言行推测别人的品性，却又依据自己的品性诠释自己的言行。这就造成了别人眼中的你和你眼中的自己之间的巨大差异。因为不了解别人，只能根据其言行推测其品性，难免因素材不足而自行脑补，这样显然不客观。因为我们太了解自己，早就给自己贴上大好人的标签，而且会用这个标签诠释自己的言行。哪怕是罪大恶极的家伙，在他心目中自己都是好人。戴尔·卡耐基在《人性的弱点》一开头就讲了纽约杀人狂魔“双枪手”科洛雷的案例。警察眼中的科洛雷是“纽约有史以来最危险的罪犯之一，他杀人时连眼睛都不眨一下”。而科洛雷自己却在公开信中称：“在我衣服下跳动的是一颗疲惫的心，但这颗心是仁慈的，它不会伤害任何人。”卡耐基还列举了多个类似案例，因此得出结论：做错事之后只知道埋怨别人，却不会责备自己。这就是人的天性！

印象不是真人，你对我的影响中既有自己的影子，也有你对人性的基本假设。莎士比亚说：“一千个人的眼里有一千个哈姆雷特。”我觉得这句话还应该有后半句，那就是：“那一千个哈姆雷特其实就是他们自己。”外面没有别人，只有自己。为什么呢？比如你们都认识我，但是我在你们每个人心目中的形象却都不一样。因为你们其实并不是跟我这个人打交道，而是跟我在你心目中的形象打交道。每个人都会无意识地把跟我打交道的印象碎片建构成我的形象。这个形象中既有我呈现给你的形象，也有你自己潜意识深处类似的情结和人物的形象。所以，**别人眼中的你固然不是你，你自己眼中的自己也未必是真实的自己，反倒你眼中的别人有相当多的一部分是你。**这就是心理学中的“投射”，每个人都不可避免地“以己度人”，会选择性地注意自己想看见的信息。不排除有一个实际形象存在，但每个人建构的印象跟实际形象都有差距。我眼中的我和你眼中的我是两个不同的概念。你建构的形象和实际形象之间永远有距离，真正的实际形象是没办法得到的。

两道防火墙和两把撒手锏

表面上是两个人在打交道，其实每个人都是在跟自己心目中对方的印象打交道。因此，关系不全是两个人的事情，其中有很大一部分都是一个人的事。这个真相可以在与人交往中帮很大的忙。举例来说，假如有一天你的领导把你叫到办公室，对你劈头盖脸地破口大骂，把你说得一无是处。这时，你首先应该给自己树立两道防火墙。第一道，领导骂的那个人不是你，而是他心目中的你，是对你的印象。第二道，领导骂人的原因可能也不在你身上，有可能受了老婆或他的领导的气，拿你撒气。这两道防火墙就能让你不会那么受伤，你就能保持理性。此时的沟通就不只是领导对下属的训话，还可以是保持理性的一方对失去理性的一方的教练和唤醒。

假如你能保持理性，我再教你两个撒手锏。第一个，用好奇心替代防御态。带着好奇心探索：他这是怎么了？他要的是什么？我该怎么办？领导的内在狗熊炸毛，是因为内在狗熊的四大诉求中的一个或多个没得到满足，当你触及底层诉求的时候就有了策略。假如是缺乏归属感所致，也许你可以这样回应：“我很少见您发这么大火，说明情况非常严重。这件事让您很没面子，我会深刻反省。”内在狗熊的核心需求是被看见，用“非常严重”四字回应它：我看见了，用“很没面子”四字回应它：我知道你缺乏归属感。既然内在狗熊被看见了，归属感诉求也被看见了，领导的内在狗熊自然就平静了。第二个，用慈悲心帮领导走出困境。任何人被自己的内在狗熊绑架都值得同情，谁好端端地会发那么大的火？能发火说明他的内在凡夫实在制服不了内在狗熊了。就像遇到有人落水要施救一样，理性的人要想办法帮助失态的人恢复理性，最不济也要远离失去理性的人，绝不可以让对方把你带到失去理性的境地。作为下属，要发自内心地同情领导的处境，设身处地为他着想，积极探讨杜绝此类事情再次发生的解决方案，探讨你与他相处的方式。事后还要复盘，要把冲突当作摸清彼此边界的机会，当成培养默契的功课。

会用两道防火墙和两把撒手锏的人凤毛麟角。尽管做起来很难，但只要你坚持刻意练习，坚持复盘反思，提高还是很快的。

自我的形成与持续修身功课

前面我们用棱镜分解的方式探讨了自我的结构。人性复杂就复杂在多样性上，狗熊、凡夫、圣人三种模式会随时切换。同一个人在不同情境中会呈现不同的版本，环境对人的影响之大超乎想象，“近朱者赤，近墨者黑”极有道理。人生不过是由一连串的社会活动和情感经历组成的，而自我恰是在社会活动和情感经历的基础上建构出来的。

我经常会在课堂上向学生抛一个任务：“请你用三个词形容下你自己。”然后随便挑一位学生来回答，比如有学生说：“我勤奋、善良、帅气。”无论他用什么样的形容词形容自己，我都会紧接着问：“你怎么知道你是这样子的？”大部分学生会回答：“从小周围的人都说我是这样子的。”可见自我的形成离不开社会评价和自我评价。山本耀司曾说：“自我往往是看不见的，你要撞上一些别的什么，反弹回来，才会了解自己。所以，跟很强的东西、可怕的东西、水准很高的东西相碰撞，然后才知道自己是什么，这才是自我。”假如一个人生下来就离群索居，就很难建立自我的概念。因此，每个人的自我中都隐含着别人的影子，我们会无意识地努力活成别人眼中的样子。同样，我们也在无意识地影响他人。

潜伏在自我深处的“间谍”

一位妈妈被女儿的学习成绩搞得异常焦虑，问我怎么办。我说：“假如你能够放女儿一马、也放自己一马，全然接纳她的成绩不好会怎么样？”她说：“我怕老师说我是个不负责任的妈妈，怕别人指责我教子无方……”我说：“看来你的焦虑其实并不属于你，而是被外界植入的。”每个人的自我都有两部分：自主部分和内摄部分。内摄是一个心理学术语，是指个体将外部信息内化为内在信念的心理过程。假如家长、老师都说某个孩子很笨，久而久之这个孩子也深信自己很笨，这个过程就是内摄。自主部分渴望做自己，内摄部分则追求取悦别人、符合规范等。自我中的内摄部分是造成人格不独立的重要原因，因为怕被人诟病，或者想讨人喜欢，不惜扭曲自己迎合别人。很显然，在一个人的自我概念中，内摄部分多了，自主部分就少了。人人都渴望活出自己理想的样子，可总会受外部环境和内在心理的影响而有诸多的不称心。而其中相当大的不称心并非环境不允许，而是自我设限，且多数属于无意识层面的自我设限。这就很有必要探究那些妨碍我们活不出更好自己的、隐藏在自我深处的在早期成长经历中内摄的“间谍”。

自我中内摄部分的成因要追溯到人的成长历程。人生下来是不能生活自理的，三年始免于父母之怀。三岁之前吃喝拉撒都仰仗父母的关照，所以父母对待孩子的方式必然会对孩子人格的形成有非常大的影响。婴儿学会说话之前只能用哭声表达需求。而父母与婴儿在前语言阶段的互动模式会影响婴儿一生的社交模式，会一直在潜意识层面起作用且很难被觉察。经常据理力争的人，小时候可能多用哭闹的方式寻求父母的关注，久而久之发展出“会哭的孩子有奶吃”的指责模式。善于息事宁人的人小时候可能多用乖巧的方式获得父母的好感，久而久之发展出“听话的孩子有糖吃”的讨好模式。人际模式的发展与孩子本人的天性禀赋以及父母的脾气个性都相关。早期与父母相处的模式会在潜意识层面被带入所有的人际交往中。

当孩子上学时，老师和家长又用有条件的爱激励孩子。“数学考多少分，奖励你什么；语文考第几名，奖励你什么……”爱的背后都是有条件的，达成某个条件，将会获得某种奖励。这种互动会让孩子更加不独立。孩子为了得到想要的东西，不得不表现出某种内心不喜欢的行为。童真就这样一点点失去了。在婴儿期前语言阶段的依恋模式和幼儿期有条件的爱的双重因素的影响下，各种不独立的人格就发展出来了。有人是讨好型，有人是拯救型，有人是牺牲型，有人是指责型……从生命能量的分配和运用角度看，各种类型背后有一个共同点，那就是人不能做独立的自己，生命能量不是被过度压抑就是被过度消耗。

我经常看到一些特别内敛的人，很有才华却处处压抑自己，原因就是他在原生家庭中遇到了管教严苛的父母。我就会跟他说：“父母给了你生命，同时又在你额头上贴了一个封条，使你总收缩着自己的生命能量，不能尽情绽放。青春被你人为地压抑了大半。记着：**绽放是你的权利，更是你的责任。你永远值得站在C位！**”我还会劝谏那些脾气暴躁，动辄发飙不能自已的人：“人家一句话、一个动作就能让你完全失控，可见你生命能量的控制权就在人家手里。每一份对生命能量的无谓消耗都是不爱惜自己，也是对父母不孝。你有责任运用这份生命能量做更有意义、更重要的事情。”

孩子的学习模式以模仿为主，他们会无意识地模仿大人的处事方式。大人处于彪悍的情绪状态时，最能吸引孩子的注意力。因为理性脑还没有充分发育，孩子还不会辨别是非，只能感受强弱。孩子总会无意识地模仿冲突双方中较彪悍一方的行为模式。也正因为孩子的学习方式是由感受和模仿主导的，他们很容易把大人对待他们的方式无意识地迁移在别人身上。**一个人小时候怎么被对待，长大后就会用同样的方式对待别人。**小时候被暴力对待的孩子，长大后也会用同样的方式对待别人；小时候缺爱的孩子，长大后不具备爱别人的能力。这些人生早期遇到的言行范本全都会被无意识地内摄在自我深处。把投射和内摄综合起来，可以说：**你眼中的别人是自己，你心中的自己是别人。**每个人都以自己为标尺审视别人，而自己却是由别人定义的。

在社会环境中，每个人都不可能完完全全地做自己。由于不可避免地处于弱势地位且理性脑还没有发育，所以童年创伤是难免的。**毕竟没有人可以毫发未损地走出童年。**荣格说：“**你生命的前半辈子或许属于别人，活在别人的认为里。那把后半辈子还给你自己，去追随你内在的声音。**”一个人总想活成别人的样子或别人眼中的样子，就会用别人的标准要求自己。不能从别人那里夺回对自己的评价权，终究难以活出自己的精彩。作家余华说：“所谓的中年危机，真正让人焦虑的不是孤单，不是贫穷，更不是衰老，而是人到中年你才发现，你从来没有按照自己喜欢的方式活过。”每个成年人的修身功课都是有意识地觉察和修正潜意识深处的低版本、低效能反应模式，这些模式可能是他人模式的内摄，也可能是童年的本能防御。持续升级自己的反应模式为的是活出自己的精彩。如果放任这种低版本、低效能模式，把不称心的结果归咎为命运才是最大的错。

比饮食睡眠还重要的刚需

尽管各种不独立的人格模式的外在表现五花八门，但不同表现的背后却有一个共同的心理诉求。那就是渴望得到关注和爱。无非是小时候为了得到父母的爱而隐藏了真实的自己，用他们喜欢的方式获得你要的关注和爱罢了。

我们的身体每天都需要适量的食物和水，还需要运动和睡眠来维持基本的代谢，这是最基本的生理需求。同理，作为社会动物，除了生理需求，我们每天还需要一定量的情感关爱，要满足最低的情感需求，即被关注和被爱的需求。其实情感需求是跟生理需求一样的刚需，只不过被很多人忽视了而已。萨提亚说："每个人每天都需要 20 个拥抱。"如果某人每天的最低情感需求得不到满足的话，即便衣食无忧，他也不会幸福。

英国牛津大学的人类学家罗宾·邓巴在长期研究灵长类动物在社群中的表现后发现，灵长类动物是靠闲暇时彼此梳理毛发来建立亲密关系的。比如一只猩猩可以同时与三四只猩猩建立相互梳毛的关系。被同伴梳毛的大猩猩体内会释放大量的催产素，脑内会释放大量的多巴胺，让它很舒服，而这种舒服的感觉会增强它对伙伴的信任度和亲密度。猩猩群体就是通过这种彼此梳毛的关系维系比较稳定的社会结构的。邓巴也正是受此启发，发现了邓巴数字。人类社会维系基本单元的稳定性其实靠的也是彼此"梳毛"。只不过人类比灵长类动物在两个方面更高级：一是人类大脑的处理能力更强，二是人类可以用语言"梳毛"。相较灵长类动物而言，人类个体能同时与 5~7 个人维持稳定的梳毛关系。而且人类的社交还可以划分为不同的功能圈子：生活圈、工作圈和朋友圈。三个基本的圈子又有核心层与非核心层之分，关系又有强关系和弱关系之分。这些因素共同决定了一个人的社会关系上限为150人左右。

除饮食睡眠外，人类最迫切的需求就是渴望被关注和认可。现代人常常忽视人的这一核心需求。殊不知，**梳毛能力才是人际交往能力的核心！**不理智的人会把梳毛视为拍马溜须，表面上对拍马溜须者满脸不屑，实际上是把自己做不到的事情合理化，自己安慰自己说："咱凭本事吃饭，看不上那一套。"

最低情感需求的满足

每个人都有必要检视一下自己每天都需要的最低情感需求的满足状况。假如每人每天需要20个拥抱才能满足其最低的情感需求，这20个拥抱无非来自三个圈子：生活圈、工作圈和朋友圈。人人都需要情感支持，人人都有义务给予亲友情感支持。每个人都可以从正反两方面检视自己。

■ 谁帮你把"毛发"理顺

自己每天的20个拥抱分别从哪里来？每个人都穿梭于三个圈子之间，三个圈子共享一个人的状态。有人很善于经营他的圈子，三个圈子里的重要关系都处得非常融洽。即便在某一个圈子里偶遇冲突而状态低落，也很容易借助其他两个圈子调整自己，快速回归心理稳态。

有人则经常把从一个圈子里接收的负面情绪迁移到另一个圈子。比如在单位受了领导的气，回家拿家人出气。久而久之进入恶性循环，几个圈子都经营得一塌糊涂。

是否尽到“梳毛”责任

我们要反思自己有没有对三个圈子中的重要关系尽到“梳毛”的责任，主动去满足他们的情感诉求。每人每天都需要最基本情感慰藉，如果最低情感需求长时间得不到满足，就会发展为心理疾病。在单位，领导对下属有“梳毛”的义务，如果领导长期不关心下属，就给竞争对手创造了挖墙脚的机会；在家里，你对自己的另一半有“梳毛”的义务，如果长时间没尽到义务的话，婚姻就有可能出问题。最常见的误区是有的人对外人非常客气，反倒对重要的家人关系非常蛮横。如果你的重要关系的最低情感需求不能得到满足，他们就会情感空虚，继而会寻找替代途径。一旦他找到别的替代途径，你的处境就尴尬了。

值得一提的是，一个人在哪个圈子里获得的情感满足越多，感觉越好，就越倾向于把更多的时间和精力投入其中。工作狂可能是因为在生活圈子中得不到必要的情感慰藉，佛系员工则可能是因为在工作圈中总得不到鼓励和认可。热恋中的情侣几乎彼此承包了对方的情感需求，所以关系越来越亲密。一旦失恋，就会感觉整个人都被抽空了，便有了生无可恋般的失落。因此，比较理想的状态是不要把鸡蛋放在一个篮子里，只有每个圈子都能给你风味不同、感觉各异的情感慰藉，人生才会更加幸福，也能更抗风险一些。当一个人几乎垄断了你的情感需求时，你对他的依赖性会也会变得非常强。

■ 内心强大的秘密

还有一点非常重要，就是要学会自己给自己“梳毛”，自己满足自己的情感诉求。如果说每人每天都需要 20 个拥抱，那么其中的一半应该是自己拥抱自己。**一个人成熟的标志，就是学会自己爱自己，自己相信自己，自己激励自己。**那些内心强大的人，他们很早就掌握了自我激励的秘密，所以不会满世界地去讨爱、去索爱。埃隆·马斯克说：“如果创业还需要别人鼓励的话，那我劝你还是不要创业。”即便是在极端困苦的环境下，人的最低情感需求也要满足。心理学家弗兰克尔曾被关进了集中营，他在集中营是经过长期观察发现，那些能坚持活着的人，大多是找到活着的重大意义的人，对未来有很大寄托的人，能够自己激励自己的人。弗兰克尔在他的名著《活出生命的意义》中说：“一旦找到了意义，痛苦就不再是痛苦。”

如果痛苦不可避免，那就赋予其意义；如果痛苦不可避免，那就学会苦中作乐。而有意义和快乐正是哈佛大学教授本·沙哈尔定义的幸福的两大来源，无论在什么环境下都努力让自己幸福是一种很重要的能力。我经常讲：哪怕全世界都不喜欢我，我还可以自己爱自己。人从依赖到独立的重要标志就是学会自己给自己梳毛，发展出激励自己前行的内在动力。

第三章 成果清晰，方法具体：改善关系有章法

如何处理好或改善关系是一个典型的病构问题。所谓病构问题，就是问题的初始状态、理想状态都比较模糊，过程中存在多种选择、没有唯一正确答案的问题。认知心理学对病构问题的解决方法早有研究。首先，要对问题解决后的愿景或者想要达到的效果进行定义。也就是尽可能清晰地描述问题解决后的效果蓝图和标准，对成果的描述称为成果框架。然后以终为始地、步步为营地逼近自己想要达到的愿景。解决病构问题用的是逐步逼近策略，从起点状态经过若干个中间状态达到理想的终点状态，把各个中间状态串联起来就是解决问题的路径，路径也叫过程框架。解决的具体问题多了，你就会发现同类问题的解决路径也相同，于是就进一步升华为方法论。本章就是使用病构问题解决的策略，定义改善关系的成果框架和过程框架，即定义好关系的标准以及达成该标准的路径。

好关系的三大标准

想要改善关系，先要定义什么是好关系，好关系的标准是什么。关系一定是彼此的事情，只有双方都感觉好才是真的好。良性的关系不仅要使双方都感觉到舒服，彼此从交往中受益，得到滋养，还要彼此都能获得成长，朝着更加独立的方向发展。我在领导力课堂上提出用三个问题检验领导力行为的有效性：

第一，被领导对象的内在能量是分裂的还是和谐的？

第二，被领导对象是更加依赖于你还是更加独立？

第三，你跟被领导对象之间的关系是彼此消耗的关系还是彼此滋养的关系？

我把这三个问题简单地概括为“和谐、独立、滋养”。其实，这三条标准可以用来衡量任何关系的质量。

■ 和谐：关系双方的内在感受

关系双方彼此的内在感受应该是和谐的。人在社交场合的外在表现及内在感受与独处时的很不一样。社交恐惧症就是指某人在社交场合的内在感觉极度不和谐。**良性关系中彼此的内在一定是和谐的，彼此赤诚相见，既不刻意隐藏，也不刻意表现，所以双方都会感觉很舒服。**

林黛玉进贾府时，她的内在就是不和谐的，她要处处都小心，既怕失礼，又怕贻笑出丑。刻意表现就要额外消耗能量，造成外在和内心的分裂，让人感觉不舒服。

某些领导会野蛮地命令下属。下属需要消耗意志力去压制内在狗熊的躁动，而这恰恰是在用一股能量去征服另一股能量，最终表现出来的能量是两股能量抵消后的残余。内在不和谐就是内在的狗熊、凡夫、圣人三者之间相互较劲。

修为高的领导会考虑自己的领导行为会引发下属内在的何种反应。在上下级互动中，只有自己平和，下属才会平和，自己舒服下属也会舒服。人只有处在内在和谐的状态下，才华才能得到充分的发挥，工作中才会有上佳的表现。心情舒畅、人际关系良好的员工愿意投入更多的精力去工作，因为工作本身就是一种精神激励。在和谐相处的关系里，彼此都尽可能做真实的自己，无须刻意表现和刻意隐瞒，尽可能处在自然的状态。当然任何人都不可能也不可以做到绝对真实，这里所说的真实更像一种感觉，即一种彼此信任而不设防的真实感。

我的一位学生曾特别好奇地向我请教："田老师，你为什么连续讲了一周的课，看上去却很轻松，而我只讲了一天的课却要休息一周才能缓过神来，藏在你背后的秘诀是什么呢？"我说："秘诀就在于我站在讲台上的内在状态。在讲台上的我很松弛，不刻意消耗精力表现出自己是一位资深老师的样子，讲课中的我和生活中的我没多大区别，就像到讲台上聊天而已，所以我不累。很多老师是在讲台上总想表现成另一个自己，课堂成了表演的舞台，还要时刻消耗注意力觉察自己演得像不像，当然就比较累了。"

我的黑马训练营中有一个口号叫“不‘端’不‘装’有点‘二’”，端着、装着，不仅自己要额外消耗能量，学生为了适应你也不得不端着、装着点。老师自己内在和谐就会带动学生的内在变得和谐，领导自己内在和谐才能带动下属的内在变得和谐。

■ 独立：彼此都做最好的自己

和谐是指交往中双方的内在状态，独立则是指交往双方的相互感觉。独立，对多数人来讲是个很高的要求。有个学生见面后总爱问我：“田老师，你看我最近有没有进步？”询问多次后我不胜其烦地回答她：“假如我说你有进步，你会高兴半天；假如我说你没进步，你又会沮丧半天。你把对自己的评价权拱手相让，也同时把决定自己幸福与否的权利让渡给我。当你把对自己的评价权从别人手中夺回来的时候，你就真的进步了。”这位学生就是典型的讨好型人格，太看重别人对自己的评价，想努力活成别人喜欢的样子，为此总免不了无谓的能量消耗，活得就会很累。另外一种不独立人格是拯救型，总觉得自己很重要，很多地方都离不开自己，自己苦苦挣扎着拯救别人，其实是对别人生活的粗暴干涉。而且越苦苦挣扎就越会感到自己很重要，似乎离开自己地球都要不转了。还有一种不值得型，总觉得自己不够好，缺乏资格感，干什么事都畏畏缩缩地躲在后面，总是压抑着自己的能量。还有牺牲型，委屈自己，成全别人，不好意思说“不”。有位牺牲型的学生说自己明明有一堆工作要干，却因为不好意思拒绝闺蜜发出的逛商场邀请，就委屈自己心不在焉地逛了一下午，晚上却在办公室熬夜到凌晨三点才完成工作。她没有说“不”的勇气，不好意思拒绝别人，总是委屈自己的内在狗熊，也让自己的能量做了无谓的消耗。这就是典型的牺牲型或者不值得型。当你不好意思跟别人说“不”的时候，你只能委屈自己的内在狗熊，屡屡向自己的内在狗熊说“不”。**各种不独立表现的背后有一个共同点，就是生命能量要么无谓地被消耗，要么受到压抑施展不出来。**

不独立的人在与人相处中很容易干涉别人的独立性。比如拯救型的父母觉得自己当年受了苦，立志要让孩子少受苦，什么事都替孩子干。这就无情地剥夺了孩子历练的机会，回过头来又担心自家的孩子依赖性太强，长不大。不授权的领导认为下属能力不够而不愿授权，事必躬亲，决策都得自己做，工作都得自己亲自干，剥夺了下属的历练机会。结果下属对他越来越依赖，他却一边美滋滋地体味被需要的感觉，一边感叹帐下无人。

好的父母懂得以终为始地培养孩子。父母与子女的关系注定是渐行渐远的。海灵格说：“**青春期之后，孩子与父母的连接越多，与世界的连接就会越少。**”什么时候把孩子培养得独立了，孩子就真正长大了。好的领导会主动把下属培养成领导者，给下属决策空间和历练的机会。下属越独立，领导越轻松，下属能独当一面的时候，领导就该往更高的职位上晋升了。

真正的独立既不依赖别人，也不会用滚烫的爱伤害别人，既不当拯救者也不当受害者。过分依赖和过分干预都是不独立的标志。所以真正独立的人并不多。有些人的父子关系、母子关系、夫妻关系越来越扭曲的原因是一方或双方不独立造成的。**扭曲的爱很容易造成伤害。**

内和谐而外独立的人生才是高质量的人生。生命质量有两个指标。第一，假如你活了 80 岁，其中有多长时间是你处在内在和谐而非分裂纠结的状态，内在和谐的状态是幸福的状态；第二，有多长时间是独立的而非依赖的，即你能够自由支配自己的生命能量。活得长短和人生是否高质量是两个不同的问题。

■ 滋养：默契是最大的无形资产

就关系的效能而言，滋养可以理解为关系给双方创造的价值。可持续的关系必须是一种长时间让关系双方从中都受益的关系。比如某领导去外地出差，心里却惦记下属会不会偷懒，交代给某人的工作会不会出问题等。这就说明你跟下属的关系是让你操心的消耗关系，其一直在潜意识层面暗耗你的能量。一种相互滋养的关系是，领导放心地出差，他全然相信手下会把各项工作办得妥妥的。某领导要外出学习一周，临走前召集下属开会说：“我要出去学习，小事情你们各自搞定，不要老请示我。大事情你们商量着办，也不要请示我。更大的事情你们直接汇报老板，也不用请示我。”

毫无疑问，相互滋养的关系是长期相处、持续磨合的结果。所以**人和人之间的默契才是最值钱的无形资产**。一个眼神对方就能心领神会，这是需要长时间磨合才能做到的。每个人都是一块形状不规则的石头，把多块石头装在一个不大的容器中，是需要反复尝试多种摆法的。高质量的默契是双方的内在狗熊、凡夫和圣人都彼此了解，经过多次合作才能养成的。这种默契的养成离不开关系双方多年的相互了解、彼此反思和持续迭代。默契的关系一旦形成，彼此都能够从这份默契中受益，双方的关系就成了相互滋养的关系。

某企业董事长和总经理之间有些矛盾，下属夹在中间很难受。总经理原是主管该企业全部营销的一把手，多位分公司的总经理都是他带出来的。因为每年的业绩都完成得很好，被董事长提拔成总经理。在被提拔之前，他只管营销一摊事，提拔后，他需要负责全面的工作。不仅要抓业绩，还要跟总部的所有职能部门打交道，做各种横向协调。新角色很快就凸显出他的短板——脾气暴躁，仍沿用他抓营销时的风格，时常控诉职能部门不干实事。职能部门的人忍受不了就向董事长告状。时间长了，董事长对总经理的能力就产生了怀疑。我恰好在这时候介入给他们主持了一场私董会。

我问总经理："在公司干了这么多年，你认为自己身上最大的无形资产是什么？"

他说："是我积累多年的行业经验。"

我说："行业经验是无形资产，但不是最重要的。"

他又说："那是我雷厉风行的执行力和锐意创新的精神。"

我说："这些也是，但不是最重要的。"

多轮互动都被我否定后，他说："田老师，你就别绕弯子了，直接说出你的答案吧。"

我说："你最大的无形资产是董事长对你的信任和自己多年在团队里建立的威望。你和大家的默契配合才是你最大的无形资产。我感受到你不太珍惜也不善于经营你的无形资产，没有意识到它的重要性。假如换一个"空降兵"在你这个位置上，即便他的业务能力比你强一倍，没有这份无形资产他也很难做好这份工作。相互信任、相互滋养的关系，才是最重要的无形资产！”

既然默契的关系是一种无形资产，那么双方都要懂得为这笔无形资产持续投资。**默契关系不会自然形成，而需要主动经营。**高手善于把相互消耗的关系逐渐改造成彼此滋养的关系。关系也是动态发展的，我们必须把重要的关系发展为陪伴成长、协同进化的相互滋养的关系。这就需要彼此坦诚沟通，直面合作过程中的问题，消除相互消耗的元素，增益相互滋养的元素。接纳和允许彼此的不完美，允许各自的内在狗熊、凡夫和圣人在良性互动中慢慢成长。

值得一提的是，滋养和消耗的评价标准跟个人志向息息相关，人生目标不清晰的话，滋养和消耗的界限也会变得很模糊。稻盛和夫说："只要你知道自己去哪儿，全世界都会为你让路。"所谓滋养，即对方对你达成自己的人生目标有促进作用。内心光明、人生目标清晰的人自然会屏蔽不必要的干扰，不被感性的烦恼所左右。你没有必要费尽力气去证明自己，也没有必要苦口婆心地说服别人，目标清晰的人才能做到精神上的"节能减排"，杜绝无谓消耗。

重要关系须持续经营

和谐是指彼此内在和谐，独立是指彼此边界独立，滋养则是指关系的价值实现。若关系中的任何一方能做到和谐、独立、滋养，都会带动对方迈向更高境界。

你独立，就能带动更多的人独立；反之，你不独立就会让周围的人也不独立。

你和谐，就能带动更多的人和谐；反之，你不和谐就会让周围的人也不和谐。

你和别人是滋养关系，别人也会从你这里得到滋养；反之，你和别人是消耗关系，别人也会跟着你被动消耗。

三者一旦形成良性循环，关系就会越来越默契，无形资产就会迅速增值。

重要关系的质量评估

有了好关系的三大标准就很容易评估关系的质量，当然也就能制订有针对性的提高计划。读者可以用这三大标准评估一下自己重要关系的质量。可以分别从和谐、独立、滋养三个维度评估一下你心目中的关系质量。假如 10 分为满分，1 分代表最低分，你为自己的和谐度打多少分？为独立度打几分？为相互滋养或默契度打几分？每项都可以凭感觉做主观评价，也可以简要陈述打分的理由。倘若关系的另一半也做同样的练习，那么效果会更好。比如夫妻双方分别对亲密关系做质量评估，妻子打分，丈夫也打分。两人的打分可能并不一致，且各有其理由，双方同做这个练习本身就是重要的学习，探讨双方打分的差异也会有很大收获。关系是双方的事情，所以一起修炼会更好。如果你觉得本书对你有帮助，也欢迎你推荐给身边的人。这样，你们可以用共同的语言、共同的标准和共同的思维去评价和发展你们的关系，齐心协力地经营你们共同的无形资产。让这个关系往好的方向发展。因为关系从来都不是单方面的，一个巴掌拍不响，所以两个人双向奔赴，效果更佳。

和谐、独立、滋养不仅可以评估关系的质量，还可以评估单次互动的质量。比如你和朋友做了一小时的交流，就可以对这次互动的质量进行评估。你的内在感觉是否和谐？表现是否独立？从互动中有没有获得滋养？双方的默契度有没有提升？哪怕是主观的拍脑袋评估也很有意义，至少可以驱动你去思考如何改进。

■ 与其默默忍受，不如主动经营

有的人稀里糊涂地活在关系中，即便感觉不满意，也说不出个所以然。和谐、独立、滋养三个维度的评估结果会给人带来很多启发。比如，如何把独立性从 5 分提高到 8 分。当你清楚地知道自己“要什么”时，“怎么办”的答案似乎就逐渐从潜意识里自动浮现出来。假如夫妻双方一起评估，一起制订改进方案，彼此承诺并主动改变。彼此就不再默默忍受对方的不足，而是行动起来，主动经营双方共同的无形资产。前文讲过，每个人的世界无非几个圈子，每个圈子里也就一两个必须经营好的重要关系，那么，与其默默忍受，不如主动经营。

改善关系案例复盘

刘姐说她老公从小读书不多，后来做小生意也挣了点钱，尽管家境还算殷实，但身上的自卑感一直都在。他总觉得自己吃了读书少的亏，想把自己的读书梦想借孩子来实现，因此对孩子的学习要求很高。孩子考试得98分，他一定要追问那两分是怎么丢的；孩子考全班第二，他一定要追问第一名是谁，为什么落后于他。好在孩子从小听话懂事，对父母言听计从，在学习上也比较争气，成绩一直名列前茅，成了“别人家的孩子”。孩子的学习成绩一直是他们两口子的骄傲，每每提及孩子的学习成绩，他们两口子都眉飞色舞。

可到孩子初三那年出问题了。初三上学期期中考试，孩子的成绩居然滑出了班级前十，这是从来没有过的事。两口子心中的天瞬时塌了，必须搞清孩子关键时刻掉链子的原因。后来刘姐在孩子的书包里翻出来好几本动漫书。这下可不得了了，两口子对孩子进行了“混合双打”。初三的孩子已经进入叛逆期了，家长把孩子的心理空间挤没了，一向乖巧的孩子爆发了。因为父亲总是用他起早贪黑的辛苦对孩子进行道德谴责，指责孩子不好好学习就是对不起父母。贩卖愧疚感的做法让孩子的能量状态变得很低。于是孩子就爆发了，怒吼道：“从今天开始不花你们的一分钱……”孩子把自己关在房间里连饭也不吃。两口子更是惊慌失措，与孩子进入冷对抗状态。孩子整天关着房门，也不吃饭，逼急了就威胁他们。两口子吓怕了，只好听之任之。冷对抗了一段时间后，孩子已经是中度抑郁症了。这下两口子更害怕了。深刻反思后才觉得学习成绩也不重要了，清华北大也不重要了，只要有个健康的孩子就知足了。他们迫不得已选择了让孩子休学。

孩子休学在家后，依然跟他们冷对抗，一天两包泡面，房门也不出。医生跟刘姐说，一定要让孩子跟人沟通，不然抑郁症会越来越严重。刘姐小心翼翼地尝试与孩子沟通，先表态说："只要你快快乐乐的，不上学也都没问题。只要你快乐，什么条件我们都想办法满足。"孩子挑衅地问："你说的是真的？"刘姐说："是真的，说到做到。"孩子说："那我就要买动漫书，先让我看过瘾。"夫妻俩把各种动漫书都买了个遍。从此，孩子整天关在屋里看动漫，但依旧是天天两包泡面。尽管少言寡语，但看上去心情好多了。三个月后，动漫看腻了，又无所事事了。

好在这时家里的紧张情绪缓和了。父母再次和孩子表态：只要快快乐乐的，想干什么都支持。孩子又挑衅地说："我要打游戏，要买装备。"他爸说："这有点过分了吧？"孩子威胁说："那我就继续回到原来的样子。"他们见拧不过孩子只好妥协，只要孩子能快快乐乐地活着，玩游戏也支持。给孩子买游戏电脑，花很多钱买装备，看孩子一级一级打关。尽管家境殷实，但这样花钱也太狠了。一次孩子跟一位资深玩家聊天，向他请教快速通关的秘诀。那位资深玩家说："我们才不那么傻去买装备呢，我们都会编程，在后台改代码，什么装备都轻松拥有。"孩子眼前一亮，哇，居然还有这招。

晚上孩子就跟爸妈说：“从明天开始我要复学。”在家两年，孩子终于提出要复学，他的同学们已经上完高一了。复学后的孩子像换了一个人似的，用两年时间学完了高中的全部课程，考了个不错的大学，学了游戏设计专业。这是孩子自己的选择，因为喜欢动漫，在大学期间还辅修了绘画。大学毕业后直接应聘到一家著名游戏公司，两年就成长为业务骨干。为什么孩子晋升那么快？似乎就像乔布斯所说的“所有经历都是有意义的”。当初看动漫、打游戏的经历，恰恰能助力孩子更好地理解玩家，设计游戏时会揣摩玩家心理，能构思还会编故事，能编码还会构图，简直是难得的全才。几年后年薪百万，买房买车，活出自己和家人想要的人生。

刘姐回首这段往事后双眼含泪地说：“其实人与人之间本来就是彼此独立的，永远不要试图安排别人的人生，改变自己才是唯一重要的事情。”

你从刘姐的经历中受到什么启发？让我们一起剖析这个案例。刘姐的孩子怎么就好端端地突然走向了严重叛逆？又是什么机缘将其从冰点拉回到正常状态？这个亲子关系的改善有什么规律可循？

孩子为什么严重叛逆？是因为父母不够独立。上学不多的父亲想借孩子实现他未曾实现的梦想，想用孩子优异的成绩提升自己的社会地位，对孩子要求过于苛刻。给孩子创造很好的学习条件的同时，却生硬地一再剥夺孩子的心理空间，这是家长的通病。老子说：“有之以为利，无之以为用。”家长不仅要给孩子创造各种硬件环境，更重要的是给孩子腾出历练的空间。懂得给孩子创造硬件环境的家长比比皆是，懂得为孩子腾出历练空间的家长凤毛麟角。**好的家庭教育是给孩**

子支持让其自信，给孩子空间助其成长。把孩子的精神空间压缩到极限，必然会迎来报复性反弹。平日温顺的孩子一旦叛逆，问题更加严重。孩子抑郁且辍学了，亲子关系已经跌落至谷底，逼迫这对父母深刻反思。

首先，父母反思自己的不独立。对孩子要求过于严苛恰恰是因为父母内心的自卑在作祟，他们希望通过孩子的优异成绩维持他们的面子，又屡屡用道德绑架的方式让孩子进入愧疚状态，试图用孩子的愧疚心来控制孩子。这都是父母自己人格不独立、心智不成熟的表现。错不在孩子，是家长给孩子的爱扭曲了。当父母意识到自己的不合理预期后，才发现他们在孩子的教育上使了蛮劲。父母经常把自己的期望投射到孩子身上，希望孩子能弥补自己的人生遗憾。我认为，**在孩子的教育上用蛮力是对自己人生感到失望的标志。**孩子有孩子自己的人生，有自己的使命，不是你实现自己梦想的工具，不要把自己的价值观或梦想嫁接给孩子。

其次，了解孩子的诉求。孩子日渐长大，生理和心理都要走向独立。父母要允许孩子有自己的自由空间，允许孩子有自己的选择。父母一次次野蛮地剥夺他们的选择权，孩子便逐渐失去了选择的能力。我认为，所有关系都需要不断重新定义。孩子日渐长大，父母日渐变老，原来的相处模式就不合时宜了。爆发巨大冲突的时候，恰是关系需要重新定义的时候。父母望子成龙、望女成凤的心情可以理解，但前提是孩子得身心健康。看看孩子的处境，父母的苛刻要求让孩子承受了很大的精神压力，孩子考试没考好时其实自己也很自责。孩子正处在玩的年龄，却把人生简化得只剩下学习，仅有的一点看动漫的空间也被剥夺。当被压抑到了快窒息的状态时，报复性反弹也是必然。

再次，共同制订解决方案。看见了自己的不独立，又看见了孩子被过度压抑之后，父母才能相对客观理性地看待问题。父母决定放下高高在上的姿态，与孩子“谈判”，制订双方都能接受的契约。如果关系中的一方咄咄逼人，另一方容易因为内在不和谐和外在独立性被侵犯又得不到滋养而选择回避或者对抗。只有既看见自己又看见别人，既为自己着想又为别人着想，才能制定出双方都能接受的解决方案。

最后，双方主动改变。毫无疑问，父母逐渐降低了对孩子的预期，主动践行了对孩子的承诺。孩子也不傻，动漫看腻了就打游戏，游戏打着打着发现了门道。现实启发了孩子，使其找到了人生的方向。于是孩子主动要求复学，考游戏设计专业。正因为这段不同寻常的遭遇使孩子在很小的年纪就明确了人生方向，可谓因祸得福。在这段艰难的历程中，这对父母做得很好，他们两个制订了攻守同盟策略，即“非必要，不干预”。再看不惯也选择认同。父母看似迫不得已的妥协却给孩子创造了探索自己人生可能性的空间。孩子处在青春期，精力旺盛，学习能力强，当他明确了自己值得为之奋斗一生的方向后，选择就变得非常果断，学习动力十足。由此可见，所有的关系都不能刻板守旧，需要双方审时度势地调整角色、心态和姿态，做出动态调整，保持动态平衡，才能将关系发展为彼此和谐、独立、滋养的良性关系。关系双方必须积极主动参与到关系的改善中来，地位对等、相互承诺、主动改变且不断迭代。

改善关系的五大步骤

通过对上述案例的复盘解析，一套改善关系的方案似乎已经呼之欲出。稍加总结提炼，就可以开发出一套改善任何关系的方法模型，我称之为改善关系五步法。

■ 第一步，看见自己

看见自己就是看见自己在该关系中的心理诉求，可以从自己的内在狗熊、凡夫和圣人三个维度进行探索。表面上的人际冲突其实往往是个人内在冲突的爆发和外显。父母看不见自己，就会经常以教训孩子为由发泄自己的情绪。家长、领导以及老师都要先看见自己，要区分你失去理性的行为到底是为了对方成长，还是为了宣泄自己的情绪，舒缓内在的分裂。面对重要关系之前，先要解决自己的状态问题，各人都先做好自己，完成自己的修身功课，才能与他人和睦相处。

案例中的这对父母就是希望通过孩子的优异成绩来让他们有面子，维持优越感，满足虚荣心，所以会用道德绑架的方式逼孩子学习。实际上，每个人的面子和优越感都需要通过自己的努力挣得。孩子多优秀都不能替代自己的优秀。而自己的优秀必须通过自己的事业显现。

第二步，看见别人

能看见自己的人也比较容易看见别人，很多时候我们不能同情他人的原因是我们并没有善待自己。看见自己后同样要用棱镜分解的方式看见对方的内在狗熊、凡夫以及圣人的诉求。有时候，看见了，问题就已经解决大半了。上述案例中父母要看见孩子的不容易。孩子活在被安排的模式下，除了学习没有其他乐趣，内在狗熊严重缺乏效能感和满足感，内在凡夫也没有作为的空间，孩子为了父母未实现的梦想做了很多的牺牲。当父母看见孩子不容易的时候，就能够理解孩子了。

当某种诉求一再被忽视的时候，内在狗熊就炸毛了。炸毛就是因为其诉求没有被看见。**人类最大的心理需要便是被理解和被重视。**看见即赋能，当其诉求被看见且得到回应的时候，内在狗熊的对抗力量就降下来了，内在凡夫的理性才有机会派上用场。才有理性探讨解决方案的可能，也才有发挥创造力探寻第三选择的可能。

第三步，制订策略

首先，关系双方需要平等对话，不平等的对话一定会加剧弱势一方的内在分裂，且极有可能导致双方在关系中均不能独立。要发展出和谐、独立、滋养的良性关系，平等对话是前提。其次，关系双方都应该主动参与到改善关系的策略的制订中来，唯有双方共创的解决方案才是优秀的解决方案，任何一方单独提出的解决方案都很难落地。第三，方案制订要兼顾双方的内在狗熊、凡夫、圣人共六个方面的诉求，反复检验方案能否达到和谐、独立、滋养的三维标准。找到双赢的第三选择是需要智慧和耐心的。最后，方案需要双方发自内心的认同且积极付诸行动。检验方案质量的标准是要能看到双方眼睛里放出的亮光。

■ 第四步，主动改变

多数关系陷入僵局的原因是双方都期待对方改变。认为自己是受害者，只有你改变了，我的处境才会变好。却忽视了自己本身就是别人环境的事实。丈夫说："你不整天絮叨我就不会酗酒。"妻子说："你不整天酗酒我就不会絮叨。"谁也不肯率先改变，关系就陷入僵局。内在凡夫和圣人的最大差距就是内在凡夫经常颠倒因果。不是有了能力才可以授权，而是授权了才能发展出能力。不是孩子长不大，而是因为自己没有做好准备，不认为也不允许孩子长大。而真相是，任何一方发生改变都会引发对方的重新适应。适应环境是人的本能，大部分人喜欢被动适应而抗拒主动改变。

上述案例中的这对父母在孩子健康遭到威胁的被动中被迫做出改变，他们的改变却客观上为孩子创造了难得的空间，使孩子找到人生方向的年龄大大提前。很多父母对孩子管教得过于严苛，处处替孩子做主，却给自己的做法找了个理由，那就是孩子不具备选择能力。真相是，给孩子选择的机会才能发展出选择能力，而非等他有了选择能力才给他选择的机会。

第五步，持续迭代

主动改变的行动需要用现实结果检验其有效性。如果双方都能体验到主动改变所带来的关系改善效果，双方进一步改善关系的积极性就被激发了，就更有兴趣积极探讨朝着更加和谐、独立、滋养的方向努力。前一阶段的改善成果，客观上为后一阶段的改善计划提供了动力，很容易把关系的改善推进良性循环中，一旦形成良性循环，一切都变得顺畅起来。而且，双方关系中的每一段美好体验、每一个高光时刻都可以成为维持关系的心理资本。丰厚的心理资本又能提高关系的抗风险能力，彼此有了很好的信任，偶尔有点小摩擦都不再是问题。最常见的情境应该是双方都主动改变后，发现有些行动效果斐然，有些行动却没有达到预期的效果。这就要求双方坐下来复盘，探究原因，重新磋商解决方案。

任何关系其实都应该是动态迭代的。比如亲子关系，父母的渐行渐“老”是必然，孩子渐行渐远也是必然，不能用僵硬的关系去束缚处在成长变化中的每个人。尽管父母永远是父母，孩子永远是孩子，但父母和孩子的角色内涵、责权范围、行为能力等都在不断变化，关系当然也要持续改变，默契也需要不断打破再磨合。实战中，我鼓励把关系拟人化，将其虚拟为实体。亲密关系中包含丈夫、妻子和婚姻，把婚姻实体化为夫妻双方精神结晶的孩子。只不过婚姻这个孩子没有行为能力，只能仰仗丈夫和妻子抚养。那么，丈夫和妻子都要复盘最近一段时间中为婚姻做出哪些积极的贡献，哪些行为滋养了她？哪些行为又伤害了她呢？双方都积极滋养婚姻这个小孩，把她养得白白胖胖的，良性关系自然就建立起来了。

***

至此，我们用病构问题的解决策略，定义了良性关系的成果框架：和谐、独立和滋养。又透过一个完整的改善关系案例的解析，抛出解决改善关系这一病构问题的过程框架：看见自己、看见别人、制订策略、主动改变，然后再去持续迭代。成果框架和过程框架的组合使得改善关系变得目标明确、路径清晰。

读者朋友可以尝试用本章内容，评估一下自己的某些重要关系的质量，并制订一个目标，即和谐、独立、滋养三个维度各提高多少，进而尝试用改善关系五步法去逼近你的目标。当然这个练习最好是跟你关系中的另一方共同做，条件不具备的话自己彩排也未尝不可。

看见别人：人人都值得被爱

在改善关系五步法里，看见别人是最难的。人一旦钻进自己利益的管道里，就很难看见别人。若每个人都是自己利益的拥护者，就会使各自的视野都变得特别窄，创造力也会被禁锢住。在关系中，看不见别人难免会有意无意地造成对方内在不和谐或独立性受到侵犯，关系也会向着彼此消耗的方向发展。斯蒂芬·柯维在他的《第三选择》中明确主张，看见别人才能获得“发言权杖”，只有看清双方的诉求才可能激活双方的智慧和创造力，共同创造性地构建第三选择。

不只看行为，要看努力

常见的误区是人很容易把自己当成万物的尺度：跟我一样就是优秀的，不一样就是拙劣的。人与人的基础不同，尽管我怎么努力也达不到你的水平，但这份努力值得被看见。赖安·戈特弗雷森的《心态》一书中有这样一个案例。

有一位名叫布朗的女作家，受邀到另一个城市演讲。因情况特殊，主办方不得不安排她与另一位演讲嘉宾合住一间房。当她拎包入住时，发现那位嘉宾非常邋遢，吃东西掉了一沙发食物残渣，个人物品还乱摆乱放。更令人最难忍受的是，她居然还在这间无烟房中抽烟。尽管她凑合了一夜，但心里非常不快。两天后，她去看心理医生，谈话中把那天的不快全部吐了出来，大骂那位嘉宾。她的心理医生听完后反问她：“你有没有感受到她其实已经尽全力做到她能做到的最好了呢？不与你同住一间房的话，她可能更放纵。”布朗完全不敢苟同，和心理医生不欢而散。

下午与另一位朋友一起吃饭时，她再次把这段经历复述一遍。这次，朋友与她非常有共鸣，与她一起骂那位嘉宾。话到投机处，她的朋友顺势对另一种人开骂……说者无心，听者有意，朋友这段话深深刺痛了布朗。因为布朗刚好就是朋友骂的那种人。此刻她在心里大喊：

我真是尽了全力了。我不是不愿意，真是做不到。她立刻想到那位同住一间房的嘉宾，也许她也是尽了全力做到最好了。

人人都值得被爱。所有人生下来都是纯洁无瑕的孩子，变成今天的样子是环境塑造的。尽管他的行为举止你不喜欢，他也是尽了全力想做到最好的样子。

■ 不只看表现，要看遭遇

汤姆刚刚成为小学老师。在他第一次站上讲台，第一次当班主任时，有位老教师语重心长地提醒汤姆：教书育人的核心在于打造良好的师生关系。汤姆并没有特别在意这句话。他们班的学生确实不好管，尤其有一位特别的学生让他十分头疼。有一天，他被这位学生彻底弄崩溃了，在办公室里爆发了情绪。等他情绪平复后，那位老教师过来说："你有没有真的了解那位同学？如果想要学生理解你，也许，该改变的是你自己。"当他深入调查那位学生后，又愧疚地在办公室抱头痛哭，深感自己错了。原来，那位学生母亲早逝，酗酒的爸爸一旦喝多了就打他。汤姆愧疚地说："他每天能够来到学校，就已经尽了最大的努力了，而我还在再次伤害他。"此后，汤姆主动出面帮助这个孩子摆脱了家暴的环境，并帮助他度过艰难的小学时代。他才真正理解了老教师的忠告：教书育人就是打造良好的师生关系。而改善关系的关键在于老师真正看见学生的努力和不容易。

每个人都不容易，都在努力做到更好。无论谁的内在狗熊炸毛，都是因为自我受到挤压，最终内在不和谐、实在压抑不住所致，失去理性的人都值得同情。没有人愿意歇斯底里，歇斯底里是一种本能的自救行为。

你苛责的不过是另一个版本的自己

有一次我给总裁班的同学上课，有一位女老板说："我对那些反应迟钝、领悟力差的下属很没有耐心。怎么办？"我说："冒昧地八卦一下你的原生家庭。你的父母八成是非常优秀且对你管教很严厉的人。"她惊讶地问："你是怎么知道的？"我说："一个人小时候怎么被对待，长大后就会无意识地用同样的方式对待别人。你小时候很可能也是被父母认为反应迟钝、领悟力差。"她点头承认了。原来她的父母都是高学历，她小时候没少被父母训斥，慢慢被训练出来了。我说，你苛责的也许就是曾经的自己，或者是另一个版本的自己。训斥反应迟钝、领悟力差的下属时，潜意识的潜台词是，我要表现成你这样，早被我父母训惨了。实际上她还是没有看见和接纳小时候的自己。

从人性的角度看，人与人生下来是差不多的，都有内在狗熊、凡夫、圣人三种模式。只不过在不同的社会环境和生活遭遇下活出了不同的人生版本。也许你在他的环境和遭遇下也会活成那个样子，既然他替你活出了你错失了的另一种版本，你当然应该带着爱心和好奇心去积极探索。真正与自己连接好的人才能与别人连接好，与别人连接好的人也会与自己连接好。那些表现出一团和气去与人为善，背后却委屈自己的人，只是看上去人际能力强，实际上并未做到和谐、独立、滋养。

■ 你的不屑可能是包装的嫉妒

人的发展是多维度的，受天赋和早期经历的影响，大脑不同区域发展的程度不同，有人智商高，有人情商高，有人思维敏捷，有人感觉敏锐……**优势的过度使用也会抑制其他大脑机能的发展。因此我认为，修身的方向在你优势的阴影里。**照理说弥补短板的最佳方式是多跟与你优势互补的人交往，相互扬长补短。但物以类聚，人以群分，人们更喜欢与自己同质的人交往，对别人的优势——实则是自己的短板不屑一顾。

比如分明是自己情商太低，不善给人梳毛，却合理化为“咱凭本事吃饭，不溜须拍马”；分明是眼高手低做不来，却合理化为“那些低端事情，不屑于做”。在这种情况下，你的不屑分明是包装的嫉妒。

主动改变：强者主动出击

改善关系的第二个难点是主动改变。人性深处是抗拒改变的。在旧模式难以为继的情况下，那些主动出击、率先改变的人会把握先机、掌握主动。

不主动掌控，只能被动适应

网上有一个很生动的夫妻互动的段子。

两口子冷战了三天。妻子很思念丈夫，于是给他发了一句微信：“喂，死了没？”丈夫收到信息后笑了，回复道：“想我了就直说。看在你这么主动的份上，今晚一起吃大餐，再一起去逛街买衣服。”随后加了一句：“既然以后要在一起很久，以后低头认错的事就交给我吧。”

两口子冷战，先低头的一方更爱另一方。有位妻子自豪地说：“每次冷战，不管错在我还是在他，最终都是以他向我道歉结束。”丈夫同样自豪地说：“每次冷战我都能控制局面，一天还是一礼拜再和好，掌控权在我。”妻子只是游戏的玩家，谁主动谁就容易成为掌控局面的人。激烈冲突过后，谁先释放善意、发出邀请，谁就掌握主动。在改善关系中，**谁先改变谁就掌握主动，谁先改变谁就先受益。**

用自己的改变带动他人

关系中的双方首先要保持独立，独立性差的人很容易被对方影响。俩人相处时一定会相互影响。我们说“近朱者赤，近墨者黑”。若朱者和墨者相处，是谁影响谁？答案是独立性强又积极主动的一方影响另一方。我的一位学员分享了他影响新婚妻子的经历。

我和她亲手策划了草坪婚礼，那时的满足和幸福，现在还在脑海里驻足。婚礼结束后，为了丰富短片素材，摄像采访了新娘：“你是什么时候下定决心要嫁给他的？”新娘说：“是我发现他开始主动改变，不再辩解，而是愿意安静坦然地坐下来接受我的无理取闹的时候。”我以前总想用知识去说服她，让她接受我的高见，几乎总会发展成面红耳赤的辩论。后来我意识到，赢了辩论却输了她的心。渐渐地就不再辩解了。

以前我不喜欢她的心浮气躁，她不能沉下心来跟我一起听完一段美妙的音乐，也没养成静心阅读的习惯。而且我也被她带偏，也不看书了。我认为自己不能在亲密关系中迷失了自我，就争取了独处时间：沉浸在自己喜欢的书中，听自己喜欢的音乐。突然有一天，她拿起了我看过的书，用我的账号去听音乐。再后来，我们一起看书、听音乐、上网课，讨论其中的精彩之处，每次学完新的东西，总想第一时间分享给对方，我们越来越像，也越来越近了。

最后，他不禁感叹道：“你不能改变任何人，除非她愿意。改变之门只能从里面开，那是接纳。改变之壳只能从里面破，那是新生。改变之花只能从里面来，那是绽放。”我想这对新人婚后会很幸福。丈夫做到了保持独立又主动改变，成功影响了妻子。他们的婚姻已经行走在“陪伴成长，协同进化”的轨道上了。

第四章

回归零点，追本溯源：上序位关系的经营策略

▲

以个体在系统中的位置分类，可以把关系分为上序位、同序位和下序位三种类型，亦即与上级、同僚及下级的关系。上序位关系的根源在原生家庭中与父母的关系，中序位的重点在夫妻关系，下序位的重点在亲子关系。重点关系处理好了，其他同类关系问题就可以依葫芦画瓢地参照处理。从本章开始的三章内容分别以父母关系、亲密关系和亲子关系为重点，兼论上、中、下三种序位的关系，也是全书的重点。

你与任何人的关系中都或多或少地带有你童年与自己父母关系的影子。

父母是孩子人际交往能力的启蒙老师。人生来遇到的第一个社会系统就是原生家庭，每个人对人情世故的理解以及待人接物的方式都是在潜移默化中从原生家庭中习得的。这些童年习得的能力一直在潜意识层面自动运用。父母关系有着极其重要的地位和作用。哈佛大学的一项长达35年的跟踪研究发现：与父母关系紧张、冷淡的人，中年时被诊断出患有严重身体疾病的概率是91%，与父母关系温暖亲近的人，这个概率是45%。约翰霍普金斯大学曾对 1100 名被试进行了长达 50 年的跟踪研究，发现被试患癌概率和其感知与父母的亲密程度有很强的相关性。可见，与父母的连接质量很大程度上决定了生命质量，无法回避，只能直面。

直面创伤是唯一的选择

据统计，每人每天要做大大小小 3 万次决策，其中 90% 的决策都是由潜意识自动完成的，只有 10% 较为重大的决策才会通过意识完成。而多数的潜意识反应模式是在原生家庭里通过模仿习得的。我们甚至都意识不到童年习得的模式正在我们的后台发挥作用，甚至误以为是天性。心理学研究发现：情商并非遗传，而是在原生家庭中通过模仿习得，而这种模仿传承似乎比遗传还牢固。

2022 年 11 月，南京有一位幼儿园孩子家长，他家孩子在幼儿园被另外一个孩子打了，他带自家孩子去打人的孩子家里调解，情绪失控竟把打人的孩子打翻在地，引起网友热议。请大家想一下：这位家长举手打人家孩子的前一秒钟，他脑内闪现过什么样的画面？我猜大概率闪现出他童年被别的孩子霸凌的情境。那一刻他的潜意识做出反应，打的仿佛不是眼前的孩子，而是童年时欺负过自己的那个家伙。表面上他是给自己的孩子找公道，实际上是给自己的童年找公道。一个人童年时如何被对待，他就会潜意识地用同样的方式对待别人。比如那些小时候挨过父亲打的人，自己当了父亲之后也信奉棍棒底下出孝子。

自己不曾拥有，也给不了别人

这些低效能、低版本反应模式的形成并非你的错。但放任其肆虐，还找借口说是性格问题，这就是你的错。人常说江山易改、本性难移。本性难移其实是没有找到方法，没能有意识地改进自己身上的无意识反应模式。**模式既轻又重，轻得难以觉察，重得难以摆脱。**

有的人自觉童年并不幸福，常被父亲打。等他当了父亲后，立志要给孩子更多的爱，发誓决不打孩子。他主观上爱孩子的意愿很强，客观上却不具备爱孩子的能力。孩子的某个行为一旦触发了他的敏感神经，他就失去理智地像自己的父亲当年对待自己一样地打孩子，恢复理性后又万分懊悔。为什么会这样？因为他有爱孩子的意愿却缺乏爱孩子的能力。爱，更多的是潜意识层面的自然流露，而不是意识层面的刻意为之。换句话说，他的内在凡夫很想爱孩子，但内在狗熊却习得了打孩子的习性。一旦内在狗熊炸毛，内在凡夫和圣人便爱莫能助了。所谓爱满则溢，对童年被爱过的人而言，爱是自然流露；对童年缺爱的人而言，却给不了别人自己不曾拥有的东西。

有的人自己童年有过创伤选择丁克，因为不具备给孩子爱的能力，索性不要孩子了。回避问题并不能解决问题，因为孩子出现在你的生命中，恰好让你有机会去直面童年的创伤，有机会去修复那些低版本、低效能的模式。

■ 被无意识摆布的人生

学生李某问："我发现自己身上的模式是遇到强者就会懦弱，遇到弱者却非常强势，不知道为什么。"通过他的行为描述，我说："你的原生家庭中，父母双方有一方懦弱，有一方强势。"他说："田老师你说得太对了，小时候我爸经常当着我的面斥责我妈，我妈是贤妻良母型的，只能默默承受。她越忍气吞声，我爸却越来越强势。"这就不难理解他走向社会以后，遇到比自己强的人就呈现出母亲的懦弱，而遇到比自己弱势的人就呈现出父亲的强势。

有位朋友生意做得很成功，婚姻却很失败，恋爱每每发展到谈婚论嫁阶段就以失败告终。悲惨的结局反复出现就要探究其背后的模式了。追溯完原生家庭和童年，模式就显现了。

原来，他妈善于处理各种关系，他爸却胸无大志、无所作为。在他的成长过程中，他妈经常当众嘲笑、辱骂他爸，有时训斥他爸的时候还捎带着训他。在他妈眼里，他和他爸一样是个没用的人。他内心虽极不服气却也不敢反抗。

长大后，由于从小就从妈妈那里耳濡目染地学了不少生意经，开始自己学做生意，果然如鱼得水，也把事业做得很大，小有名气。恋爱却因此陷入一种失败循环模式。因为他自身条件很好，追求他的女生很多，他却一个也看不上。专门挑那些优越感强的、看上去高不可攀的人猛烈追求。实际上，他在潜意识深处一直在寻找他妈那种气质的女人。为了追求到高不可攀的女人，他愿意受各种委屈。有意思的是，一旦对方答应他的求婚，他就立即想与对方分手。一直重复这样的循环。

这种看似难以理解的近乎变态的模式，实际上与他的童年关系很大。在潜意识层面，他对他妈是既爱又恨，既想靠近又怕受打击。潜意识非常不服气老妈对他指责，所以屡屡通过追求高不可攀的女人，来证明自己。如果他不能觉察自己的模式，不去主动疗愈自己内在的那个受到伤害又迫切需要证明自己的小男孩，这种无意识的追求模式将一直循环下去，甚至生意上也会受影响。

教育的核心是情感教育，学习重心是潜意识学习。后天学的知识在关键时刻很难派上用场，关键时刻起作用的常常是童年的创伤情结。

没有真相，只有不同版本的解读

幸福的童年能够疗愈一生，不幸的童年要用一生去疗愈。童年不幸的人难道这辈子都没戏了吗？也不要那么悲观，因为对每个成年人而言，童年早已化作不同版本的传记。同样的经历却可以有不同版本的解读，真正伤害你的并非事件本身，而是你幼小的心灵对其进行的不合理解读。当一个人懂得直面童年的创伤记忆，用成年人的视角和智慧重新审视那些刻骨铭心的事情时，会发现当时的很多理解都是幼小心灵因为缺乏安全感或因为太想被爱而做出的过度解读。唯有用更高的智慧对其重新解读，帮助内在小孩脱困，才能彻底疗愈低效能的无意识反应模式。积极地看，**想拥有美好的童年，什么时候都不晚。**

没有真相，只有不同版本的解读。童年的很多创伤是暂时读不懂、消化不了的爱。现代人把孩子隐喻为神兽是有道理的，童年是内在狗熊主导的时代，人的理性脑还没有发育，跟动物的区别并不大。动物的特点就是得过且过，只求务快于心，不考虑长远。而父母爱子女必须“为之计深远”。父母对孩子的管教一般都是深远的考量。比如父母喝令孩子不许玩火，孩子会不理解父母，是因为他读不懂这种深远的爱。没有被正确解读的爱会化作恨。恨不是爱的反面而是爱的另一种表现，冷漠才是爱的反面。父母对孩子的很多限制都是基于长远的安全和发展考虑的，而孩子幼小的心灵还没办法消化这种深爱。用今天的心智重新审视当年的经历，用更高的智慧诠释曾经的创伤，是每一个人的修身功课。所谓的童年创伤，也许只是幼小心灵解读不了的一份爱而已。

用五步法疗愈“死磕”模式

只有找到童年的创伤事件，才能化解尘封的情结，才能用当下的智慧帮助那个“内在小孩”脱困，再通过长时间的刻意练习，用高版本、高效能的模式替代当年那个低版本、低效能的模式。人类的“底层软件”升级都要经过脱敏练习和刻意练习两大工程。

学生罗某分享了她的模式，小时候她家比较贫困，父母千方百计地供她读书，对她抱有很大的期望。她自己在学校的表现也很好，经常考全班第一名，成了父母的骄傲。但有一次考试却意外考砸了。父亲什么话也没说，用无比失望的眼神看着她，慢慢地流下两行清泪。从此，那个失望的眼神和两行清泪就刻在她脑海里了。小学升初中、初中升高中、高中考大学，每到关键大考，那失望的眼神和两行清泪就会在脑海里闪现，让她方寸大乱而发挥失常。平时学习很好，逢大考必考砸成了她的模式。最终她也没有考上理想的大学。

工作后的她更加努力。所有的工作都追求完美，努力做到自认为的极致才向领导汇报。尽管领导对她的表扬是家常便饭，她都不会喜悦，相反却极度担心领导的批评。领导偶尔有半点不满意就会激活她脑海深处的“失望眼神和两行清泪”。领导说她：“别人把工作做到七成，汇报是能说成十成。而你把工作做到十成，汇报却打折成五成了。”怎么解？唯一的办法就是回到童年，直面那个被父亲的失望眼神和两行清泪打击得抬不起头来的小女孩。帮助那个僵在十岁左右的“内在小孩”慢慢长大，从心理阴影中走出来。接下来我们尝试用改善关系五步法来把罗某从童年形成的“死磕”模式中解救出来，改善其与父亲的关系。

第一步，看见自己。看见自己那个可怜的“内在小孩”，因为想得到父亲少有的肯定而凡事都要与自己“死磕”，因为害怕面对父亲的失望而对领导的评价极度敏感。用旁观者的智慧解析自己的行为表现，看见隐藏在内心深处的心理需求后，难免兴叹：人生很多时候是童年的翻版。在相似情境下反复无意识地强制重复童年某种幼稚的反应模式，全都是因为“内在小孩”那点可怜的心理诉求。因为孩子还没有发展出独立的人格，就把父亲的眼神和清泪解读为“我不够优秀，让父亲失望了”。后来凡事都要拼命，绝不能让父亲再度失望。讨好模式在那一刻扎根发芽了，最后演变成完美主义。一个人只有将自己的无意识意识化，才能够真正看见自己，主导自己。否则生命将任由无意识模式摆布。

第二步，看见别人。尤其是要用今天的智慧解读当年父亲的失望眼神和两行清泪。其背后想表达的是父亲自己梦想的破灭，他太想把自己当年没有实现的“用知识改变命运”的梦想嫁接到孩子的生命中了。父亲对孩子一次考试不理想的过度反应是由其自身的不独立所致，他在孩子身上附加了太多自己的诉求，有很高的回报预期，对孩子爱得并不单纯。他无意识地把自己的内在不和谐转嫁给了女儿，用自己的不独立引发了女儿的不独立。很多时候，**伤害你的不是事实本身，而是你不合理的预期。**孩子学习不好，父母就极度失望，说明父母焦点在外，自己幸福与否要仰仗他人的表现。把自己的幸福建立在他人身上，等于把人生的主导权让渡给别人。罗某要用今天的智慧洞察到父亲当年的过度反应是因为他内在的不和谐和不独立所致，并不是自己的错。独立就是父亲的修身功课，孩子的考试失利只是外显了他内在的不独立模式。当罗某用今天的智慧解读了父亲的失望眼神和两行清泪背后的原因时，她才会深度理解父亲，并原谅自己，有意识地修正自己的完美主义。没有必要用一生的“死磕”去救赎一次小小的考试失利。

如果能够看得再深一点，父亲的眼神也可能不只是他自己的，也许含有更深的内涵：可能因为他的父亲当年对他也有过高的预期。在改善关系的实践中，我发现一个真理，**表面上改善关系的核心是主动**

改变，而实际上的功夫却是深度看见，对自己、对别人看见得越深、越全、越透，对关系的发展看得越高、越大、越远，疗愈的效果越好。深度看见才会彻底疗愈。

第三步，制订策略。深度看见了，策略就有了。知道“为什么”了，“怎么办”的问题也好解决了。理想的制订策略模式是关系的双方共创，但很多时候不具备这个条件，一方悄然制订策略也不是不行。罗某悄然制订了改进策略：首先，让自己慢下来，结束那种时刻都准备战斗的状态，这一点对中年的她很重要。完美主义者过了中年后还抱有一颗完美的心，身体机能却在逐渐下降，会越来越痛苦。其次，坚持跟自己对话，接纳自己的不完美，允许自己犯错。她的问题是长期为了获得别人的认可而跟自己“死磕”。她只有看见自己，持续连接自己，才能逐渐活出自己想要的人生，而非活成别人眼中的样子。最后，把那次考试失利的经历以及父亲眼神对她的伤害分享给父亲听，当着父亲的面与父亲和解，也与童年的自己和解。

第四步，主动改变。有“死磕”习惯的人一旦拿定主意，执行力会很强。她开始过慢生活，不再像过去那样疲于奔命，而是游玩游玩，会会好友；开始在工作之余锻炼身体、读读书；开始发展爱好，始觉原来的自己活得好无趣。她还专程回老家跟父亲深度沟通了一回，亲口向父亲倾诉他当年的失望眼神和两行清泪对自己幼小心灵的伤害以及后续的负面影响，倾诉也是给内在小孩一个发泄的机会。她父亲听后很惊讶，郑重地向她道歉，也向她分享了祖上几代人遭遇的困顿和不变的夙愿。她也更深刻地理解了父亲乃至祖上几辈人的不容易。父女抱头痛哭了一场，她神奇地发现自己之后跟父亲亲近了很多，挡在她与父亲之间的隔阂不见了。

第五步，持续迭代。冰冻三尺非一日之寒。低效能的模式既然不是一天形成的，也不可能一蹴而就地疗愈。渴望得到别人认同而与自己“死磕”的模式已经深入骨髓，在一个场景中偶然消失了，却会在另一个场景中无意识地显现，所以要时刻保持觉察与反省。不久前，罗某见到我后非常兴奋地汇报她的进步，举了很多示例以证明她与以前的不同。我也很直观地感受到了她的变化，由衷地为她高兴。她的反馈也是对我的激励，我也很有成就感。

听完她的分享，我高兴地说：“我能清晰地感受到你的内在小孩在长大，大约从十岁长到了十六岁，到了花季的年龄！”

她听完我的反馈高兴地跳起来了，大声问：“真的吗？”我反问：“你反应怎么那么强烈？”

她回答：“你是我心目中的大师，你都这么说了，我当然高兴了。”

我说：“进步是可以检验的，每一次迈向和谐、独立、滋养的进步你都会有深切的感受。同时，不足也很明显。就凭刚才的反应，还这么看重我对你的看法，就说明你的讨好模式还在起作用。继续努力修炼吧！”我说她不足的时候她并没有表现出紧张，也足见她真的进步了。

修身没有止境。尽管我讲授过很多相关课程，也写了多本专著，有很多学生在我的影响下变化很大，但我自己身上那些低版本、低效能模式也会时不时冒出来“打我的脸”。接纳真实的自己，走在持续迭代的路上，没有最好，只有更好。与读者朋友共勉。

对抗挫折的心理资本

有人反问："田老师，你说没有真相，只有不同版本的解读，重塑童年永不嫌晚。要用现在的智慧把创伤解读成爱，这不是明摆着欺骗自我吗？"我想说："对同一真相，可以有不同版本的解读。我是实用主义者，哪个版本的解读能够让你更幸福，就选择相信哪个版本的解读。如果能够让你幸福，即便是曲解，但这样能够把你从过去纠结中解救出来，让你放下过去，重启未来，又何乐而不为？"

你拥有自传的剪辑权

现代心理学早已证实自我是通过对经验碎片进行主观解读而建构的，同样的人生经历，选材不一样，看问题的角度不一样，考虑问题的思维不一样，建构的结果就不一样。

多年的实战经验使我发展出来一项能力，跟一个人聊一会儿天大概就能把其原生家庭的背景猜个八九不离十，但也有出现严重偏差的时候。有一回遇到某企业的人力资源总监，我顺嘴就说："从面相上看，你的童年很幸福。"这位老总马上反驳道："田老师你说得不对，我是留守儿童。父母长年在外打工，一年见面的次数有限，家里只有我和弟弟，我从8岁开始除了上学还要负责给弟弟做饭。我的童年过得非常辛苦。”可是我从她的面相上看不出半点坎坷留下的痕迹。我说：“尽管父母长期在外让童年的你吃了不少苦头，但是无论从言谈举止还是容貌面相上看，你都不缺爱。我很好奇你是怎么做到的？”在我的再三追问下，她说：“田老师，我有个特质也许可以解释你说的现象。我的童年虽然很苦，但每逢寒暑假都会跟弟弟从老家到深圳去看父母。我父母白天很忙，晚上也回来很晚。但到了周末会带我们逛公园、买东西，给我们买好吃的，买学习用具、辅导我们功课等，那时候一家人在一起总是很幸福。开学后我和弟弟再回到老家上学。每当我遇到挫折，心里倍感孤独的时候，我就在脑海里一遍一遍地回放跟父母在一起的温情时刻。一个暑假的温情回忆足够我撑半年。”她的回答深深触动了我。

客观上，她的童年非常坎坷，但她会充分利用那些有限的温情记忆让自己保持乐观、化解挫折、驱赶孤独。所以，幸福是一种能力。不具备这种能力的人常常会激活自己遭遇的不幸，像牛一样不断反刍曾经的创伤。**记忆深处的温情时刻是幸福的酵母，经常唤醒温情时刻的人更容易得到幸福。**再不幸的童年，也总会有点温情碎片吧，把有限的温情碎片串联组合成印象童年，那就是你独有的心理资本和精神财富。如果总想着童年的不幸，这种反刍式的伤害会让你的状态越来越糟。

每个人每天的状态决定着生命质量。到生命的尽头蓦然回首时，有多少天自己的内心是幸福的，多少天自己的内心是纠结的，这不仅取决于你的遭遇，更多地取决于你的解读和应对模式。你脑海里经常激活那些创伤画面，身体就会释放压力激素。这些压力激素让你浑身每个细胞都浸泡在有毒的微环境里，久而久之就会生病。相反，脑海里经常激活那些温情时刻或高光时刻的时候，大脑就会释放多巴胺和内啡肽。让你浑身的每个细胞都浸泡在舒适的微环境里。人生无非是若干经历和素材的堆砌，在撰写你的自传时，你拥有对这些素材的剪辑权。是悲剧还是喜剧，就看你怎么剪辑了。

抗抑郁的心理资本

心理学家近些年做过一些有意思的幸福实验。他们找了一群处在青春期的小白鼠，给它们充足的食物、丰富的玩乐设施，制造一段特别幸福的巅峰时刻。当这些小白鼠进入生命巅峰状态的时候，心理学家就检测它们的大脑，看大脑的哪些区域被激活并记录下来。继而制造变局，突然一天撤掉所有这些美好的设施，用各种方法折磨小白鼠，直到把小白鼠折磨到彻底抑郁。当小白鼠都生无可恋的时候，心理学家开始了试验的第三阶段。就是用电极刺激那些它们处于巅峰时刻时活跃的脑区。当那些脑区持续被激活时，小白鼠就慢慢从抑郁症状中康复了。

这个实验给人们最大的启示是：曾经的高光时刻、温情记忆是帮助人们战胜挫折、重新振作的精神财富，是心理资本。前面讲过，每人每天都有最低量的情感需求，那些从困境中走出的人就是靠反刍温情时刻和高光时刻满足自己的最低情感需求的，他们是自己给自己梳毛的。

与父母相处的五大原则

如何与父母相处，里面有很大的学问。很多人认为亲不见外，对越亲近的人越不讲究。事实上，与父母相处，也有几条重要原则要遵守。

■ 悦纳感恩，纯粹地爱

无论你觉得自己的童年有多么不幸，都要坚持两条。第一条，接纳。接纳父母的不完美。他们受到所在系统和所处时代的限制，没机会学习这么高深的心理学知识。康德说："一个人的缺点来自他的时代，他的美德和伟大却属于自己。"人无完人，父母不是完人。只有能够悦纳父母的不完美，看见父母的局限，才能够把自己从对父母的恨中解救出来，才能腾出更多精力活出更好的自己。无论你认为父母曾经多么严重地伤害过你，你唯一的选择就是和解。因为你恨他们的那部分也存在于你自己身上。

第二条，感激。感激是将恨转化成爱的酶。没有一个原生家庭是完美的，也没有人可以毫发未损地走出童年，因为父母干预不了你的扭曲解读。无论有多么地心不甘、情不愿，你先尝试说一声："谢谢你"。话音一落，你的潜意识就忽忽悠悠地冒出来你要感激他们的理由。感恩父母用粗鲁的方式把你养大，尽管他们的方式并不科学合理，但你只有通过无限的感恩，才能解读和接受那些扭曲行为背后的爱。只有把各式各样的伤害——攻击、指责、辱骂等，统统解读为包装丑陋的爱，你才能化童年的创伤为滋养，变束缚为资源，甩下包袱，轻装上阵，真正开启你自己人生的英雄之旅。**当你能把烦恼转化为智慧的时候，就会发现创伤是礼物，困境是掩藏起来的恩赐。**只有全然把对父母的恨转化为爱，才能做到纯粹地爱父母，才有可能纯粹地爱别人。一个人能看见多远的过去就能够拥抱多远的未来。因为过去和未来其实是一脉相承的。无论过去有多么不堪，既已成年，就说明你的生命已经全然属于你，你有足够的智慧和能力去创造全新的未来。

勇于担当，主动接棒

首先要意识到，自己与父母的关系并非一成不变。父母逐渐变老，自己逐渐长大是必然的趋势。随着时代的变迁，与父母的关系必定会经历一次重大变迁，那就是你替代父母成为家庭的主力。父母把家族能量的接力棒交给你，你成为代表家族的火炬手。父母一定要以终为始地培养孩子的独立能力，儿女也要主动承担责任让父母放心。**孩子不主动长大，父母没有资格变老；父母不主动变老，孩子没机会长大。**有的家庭父亲在事业顶峰时突然倒下，没有心理准备的子女不得不挺身而出承担责任，没过几年子女也在实践中历练出独当一面的能力。

■ 继承发展，活出自己

在家族接力赛中，每一棒都要跑出自己的风格和成绩，每一代都有每一代的使命。对家族既不能愚忠，愚忠其实是一种不作为，也不能太过叛逆，那样就真成了不肖子孙。传承的关键在于上一代对下一代不求回报的默默奉献，进步的关键是下一代不听上一代的话。每一代对上一代都要既继承，又发展。对下一代都要既奉献，又信任。

有位朋友在家非常大男子主义，妻儿在他面前大气都不敢出。他似乎很享受这种感觉。我却不客气地说："你在老婆孩子面前的强势正好暴露了你的无能。"他显然大受刺激，追着问我为什么。我说："可以肯定的是，你在妻儿面前的做派完全继承了你父亲的模式。时代进步到今天，你还沿用老旧的模式。每个人都要在继承和发展中间找平衡，你身上的旧痕迹越重，活出自己的空间就越小。用全然的生命去捍卫不合时宜的旧模式，你不觉得是一种牺牲吗？"尽管他还是很不以为然地跟我争辩什么无规矩不成方圆，但看得出，我的话深深触动了他。

男人愚忠于自己的原生家庭是没长大的标志，他的内在还是个小男孩。我很喜欢这样一句话——叛逆是另类的继承。父母的生活方式是他们自己活出来的人生版本，我们理应活出更好的版本。继承和发展都很重要，努力活出自己的风格。

深度连接，激励关怀

人人都需要被关注和被认可，年迈的父母更是如此。父母逐渐从舞台中心淡出的时候，其内心是蛮失落和孤独的。子女一定要多向父母汇报自己取得的成绩，有了孩子后一定要让孩子多与爷爷奶奶连接。告诉父母这一切成绩的取得和良好的发展得益于他们当年打下的基础，他们当年所做的牺牲和奉献需要被看见。老年人也有最低的情感需要，但随着社交圈子的变小，做事的机会变少，成就感来源也同时少了。子女对父母的情感关怀才是父母老年时期的核心需要。老年人常思过去，陪父母一起回顾他们的高光时刻和与你相处的温情时刻，一起翻翻老照片，这些都是他们的心理资本。老年人更需要激励，鼓励他们多做一些年轻时只顾养家而没机会做的事情，投入到爱好中去的老人，能从爱好中获得多巴胺，也更容易幸福。特别要指出的是，越是年轻时严肃的父亲，到老来越渴望情感连接，表面越坚强的人内心往往越脆弱。

倘若你身上还有童年创伤的残留，与父母连接也是最好的疗愈方式。尤其是以成年人的姿态跟他们谈论往事。让你的内在小孩当着父母的面把他当年受过的委屈说出来，这样效果最好，也能让父母看到你的成长和进步。这样做有三方面的作用，其一，消除曾经的误会，也消除他们内心的潜在纠结；其二，汇报你的成长和成果，让他们对你在外闯荡放心；其三，得到他们对你的肯定和嘉许。

还有一点非常重要，必须意识到你的父母并非个体，而是你连接家族能量的路由器，你不是一个人在战斗，背后是整个家族。疏通了跟父母的连接管道，自己就能感受到家族能量的流动。理顺了和父母的关系，也就理顺了和整个家族的关系。要多向父母了解家族的历史，经由他们连接家族能量。每个家族都有使命，家族系统有一种无意识能量，会给每位家族成员发使命信号。如果你有意识地去了解家族历史，主动探索家族未完成的夙愿，愿意把自己奉献给家族事业，这股无意识的能量就会支持你。得到这股能量加持的家族成员更容易事半功倍地取得成功。遇到困难时，主动连接家族系统，就会意识到你并非孤军奋战。

■ 尊重命运，孝不如顺

很多人都抱着逆序改变父母的想法。比如粗暴干涉父母的生活方式，甚至批评父母的观念陈旧。老人潜意识里最大的恐惧是被社会淘汰，子女这样做对老人的伤害很大。孔子说："今之孝者，是谓能养。至于犬马，皆能有养；不敬，何以别乎？"孝敬的重心是敬，而敬的核心是顺应他们的方式。父母的模式是适应他们所处环境的结果，他们已经这样过了一辈子了，为什么要在晚年逼着他们改变。

某学生为了尽孝，趁父母外出之时，悄悄把父母用了十多年的旧冰箱给换了个新的。怕父母心疼钱，就谎称商场以旧换新，没花几个钱。父亲弄清真相后气得将她推出门，一个多月没理她，临走时还破口大骂道："你是不是觉得我跟你妈也是该报废的老物件？干脆把我们也扔了算了。"老人有他们自己的生活方式，以爱的名义野蛮干涉他们的生活方式很容易彼此伤害。

此外，还要平静地接纳父母。父母只是你的父母，你也只是他们的孩子，尽到儿女的责任就好，不要过多卷入他们的生活。

父母有他们的人生剧本，不干涉过多，只需尊重和接纳。你有自己的使命和责任，与父母的命运纠缠太深不仅会使你做无谓的消耗，还可能贻害后人。

总之，能看见父母的不完美是成长的标志，能悦纳父母的不完美是成熟的标志，能超越父母的不完美是达人的标志，能疗愈父母的不完美便是大师了。

报恩父母的三种方式

绝大多数人对父母感情很深，想竭力尽孝。报答父母的养育之恩也有三种方式：反哺、绽放和传承。

反哺：寸草心回报三春晖

谁言寸草心，报得三春晖。父母对子女的恩情可以直接得到回报的少之又少，所以，能直接回报给你的父母，让父母在老年时享受他们当年付出的回报，是子女最大的福气。物质回报自不必说，重要的是精神回报。让他们感受到自己当年的付出是值得的，让他们感受到当年对你的培养是成功的，让他们感受到自己的人生是丰盈的……开开心心，安享晚年。

我有位学生说，她妈妈八十岁了，很幸福，吃穿用度都不愁。去年她妈妈因病去世，她却一直耿耿于怀，她很纳闷。我问她：“那你觉得你妈妈还有什么牵挂？什么事让她惦记？”她想了想说：“可能是因为我妹妹还没出嫁吧。”我说：“很有可能，儿女对父母最大的孝是让他们安心。”

父母从小为你操心，老了还在为你牵挂，想想你究竟欠了他们多少“债”？让自己的人生丰盈起来，让老人不牵挂也是最基本的孝。

爱父母，最重要的是以他们喜欢的方式爱他们，不要以尽孝的名义把你的方式强加给他们。活到老，学到老固然很好，但大部分人做不到。即便父母的方式很陈旧，但他们已经习惯了，除了尊重，你别无选择。一个人无论多么努力，都难以尽数回报父母的养育之恩，家族系统的无意识诉求并非让你尽数回报父母，而是要求你绽放和传承。

■ 绽放：绽放是最好的感恩

某一次课堂上，我注意到一位学生的状态很低落，一副六神无主的样子。课后找他聊天得知，他妈妈上个月去世了。他的内心一直乱糟糟的，很难恢复平静，稍有情境触发，就悲不自胜。我对他说：“你妈妈也不想看到你现在失魂落魄的样子，对父母最好的回报是珍惜他们给你的生命，让他们的付出更值得，**精彩绽放自己的生命是最佳的报恩**。你要把妈妈失去的绽放机会，借助你的生命加倍绽放。把生命的能量一代一代地延续下去，让她身上的那些优秀品质传承下去，这才是最好的感恩。”我说完后，他就释然了。愧疚感是一种精神病毒，清理后，精神、心理便都回归稳态了。

与他的对话把我的思绪带到2014年7月，当时我父亲去世了，我也有很长一段时间的状态低落。我就一直读《孝经》——“身体发肤，受之父母，不敢毁伤，孝之始也；立身行道，扬名后世，以显父母，孝之终也。”当下醒悟：**绽放才是最好的感恩。**我的生命不只属于自己，我要更精彩地绽放，创造更大的社会价值，活出父母错失了的那份精彩。感恩父母最好的方式是用好他们给你的生命。绽放是最好的感恩。

■ 传承：跑好属于你的一棒

每个家庭都有一种无意识的诉求，就是持续繁衍。家族能量一代一代地传承到了你这里，你是家族代际接力的重要一棒。很多人误以为生命只属于自己，自己想怎么过就怎么过。父母对子女的爱，就像流水一样，永远顺流而下，家族能量的潜意识诉求是：传下去。子女对父母，乃至对整个家族的感恩也是三个字：传下去。

每个人的事业成功背后，都有一份家族力量在支撑。每个人都有一份潜在的责任，就是把家族精神和优良传统传下去。

与领导相处的核心策略

古人说：忠臣出于孝子之门。人们会无意识地把领导当作父母来对待，因为都是向上的关系。在本章的最后，我们把话题延伸到职场中与上级领导相处的策略上来。

我曾给一位高管做教练。这位高管身上有明显的惧怕权威模式。尽管他业务能力极强，老板也很倚重他。但他总是对老板敬而远之，跟老板谈话时也浑身不自在。他说："我很清楚老板倚重的是我的才能，我永远不能成为老板的心腹。"这个问题的根源一定在他跟父母的连接上。我随口说："我猜你和你父亲的心理距离也很远。"他沉思了一会儿说："你说对了。我从小生活在'一头沉'的家庭，妈妈带着我和妹妹在农村，爸爸在外地工作，一两个月回家一次。小时候既盼爸爸回来，又怕爸爸回来。每次高兴不了三分钟，爸爸就问我的学习和学校表现……以至于到现在我都很少与老爸沟通。"

我说："这就'破案'了。你跟老板的关系是你跟父亲关系的翻版，你惧怕权威的模式就是这样来的。这种模式不治疗的话，会产生两个后遗症，一会影响你与领导的关系，二会影响你与儿子的连接。趁父亲还健在，抓紧时间疗愈跟父亲的关系。"

如果你跟领导和权威人士相处有困难，首先要反观你与父母的连接情况。解决问题的方法就是改善自己与父母的关系。一定要意识到：跟父亲的连接不是一个问题，而是一类问题。跟他连接好了，一切向上关系都会得到改善。接下来介绍几个与领导相处的重要策略。

用高格局对冲低地位的压力

跟领导相处的最大问题是领导的身份给你带来的心理压力。照理说领导的格局应该比你高，肚量也比你大，他会向下兼容来匹配你。但也经常出现例外情况，领导也是人，偶尔也会展现出内在狗熊的一面。职场最大的危险是：你把领导的内在狗熊全面激活，领导却掌握着你的命运。如何避免这样的尴尬发生？领导一旦被内在狗熊控制，失去理智，实际上回到了12岁之前的小孩态。如果你能这么想，那么问题瞬间就会转化为一个理性的成年人与一个12岁小孩的对话。他内在狗熊炸毛是他自己的内在不和谐，外在不独立。尽管他撒气给你，但这不是你的错，你要是过度反应就说明你的不独立导致了自己的内在不和谐。这就是我说的用高格局对冲低地位的压力。被内在狗熊控制了的人好比落水的人，也好比喝醉酒的人，都值得被同情。这时候可以尝试用本书第二章所讲的两道防火墙让自己不上火，再用两把撒手锏探索其核心诉求，帮助领导恢复理智。如果你还未掌握防火墙和撒手锏，最好先做物理隔离：当下我们都不太理智，大家还是先冷静一下再沟通吧。跟任何人沟通时都要记住：**不给情绪中的人讲道理，也不在情绪中给他人讲道理。**

同时，要提升自己的格局，要尝试站在领导的角度看问题。他渴望得到什么结果？他更在乎什么？他对我有何期望？他会采取什么行动？设身处地主动站在领导的角度思考会让你在工作时更有针对性。聪明人会努力做好领导在乎的事情。

主动让领导放心

经常有人向我抱怨他的领导是外行管内行，还有人说他的领导喜欢溜须拍马的人，还有人说他的领导喜欢面子工程等，我看这都是表面现象。不要看领导的行为或他喜欢的行为，要透过这些现象分析领导的心理诉求。外行管内行还是因为领导对你的信任不够，他自己的效能感需要体现，喜欢别人溜须拍马是因为领导需要满足感，喜欢面子工程是因为领导需要归属感。

人更像一只会思考的大猩猩，而不是有感情的机器人，动物属性依然占据了人性的大部分。因原生家庭和成长背景的不同，不同人的内在狗熊心理诉求各不一样。下属要了解领导内在狗熊的脾性，考察其内在狗熊在四大基本诉求中更在乎哪一个。对缺乏安全感的领导，要多请示、勤汇报，主动让领导放心，不等垂询就提前报告，给他安全感。对缺乏满足感的领导，要多说好话，多给露脸机会，为其创造体现存在感和展示优越地位的机会。对缺乏归属感的领导，要给足面子，多表忠心，多讲成绩。对缺乏效能感的领导，要推功揽过，将功劳推给领导，遇到困难的事要主动承诺，关键时刻要及时补位。

我说这些并非让大家搞阴谋，核心目的是让你不要成为领导性格缺陷的牺牲品。领导有性格缺陷很正常，但作为下属必须就其性格缺陷做一些针对性的适应。当你知道容易造成领导内在失衡的事情时，就可以事先防范，不要自找尴尬。

■ 做个能处理好关系的干将

所有领导都喜欢既能干事又听话的下属，但古往今来兼具这两项特质的人并不多。本事强的人往往个性强，很听话的往往办事能力差。**好下属要成为能成事又听话的乖宝宝，也就是不仅能干事还要会梳毛。**很多能干事的人吃亏在不会梳毛上，其实我认为这种人潜力更大。能干事的人学梳毛，只要他愿意还是比较容易的。但只会梳毛的人要干实事，比登天还难。只会梳毛的人往往一开始就是没有真本事，无奈只能靠梳毛混日子，他认为，轻松梳梳毛就能把事情搞定没必要辛苦做事，久而久之其做事的机能就退化了。那些不善于梳毛的人其实潜力很大，把事做漂亮的同时多关注人性的基本需求，人际交往能力就会大幅提升。职场一定要双轮驱动，能办成难事，还要会处理好关系。

能处理好关系的含义是要持续对领导的信任投资，让领导与你之间的情感账户余额满满。有时候还需要果断和有魄力，没有办不成的事，只有不会变通的人。一个在任何环境下都懂得变通的人，就永远能进行创造性的发挥和适应性的改造。

以请教之名，行影响之实

很多时候，下属需要积极主动地影响上级。影响领导最好的方式是向他请教。请教和影响的界限非常模糊。请教的时候，也是你展示能力和施加影响的机会。请教时向领导汇报你的创新想法，如果领导采纳你的意见，岂不是你影响了领导？我称其为以请教的名义去影响领导。这不是什么阴谋，因为很多事情都需要商量着来，领导也不是万能的，他也需要听取多方意见。

斯坦福大学教授菲佛在《权力：为什么只为某些人所拥有》中提到，奥巴马刚进参议院的时候就是用这种方式建立广泛的人际关系的，他曾经向三分之一的参议员寻求建议。《纽约时报》评论说：一个好学生的角色为他赢得了一些国会议员的喜爱。菲佛还直言恭维是最美妙的礼物。他说："让别人自我感觉良好，最好的方法之一就是恭维他们。"**被欣赏、被感激、被需要和被崇拜是人类亘古不变的情感需求。**恭维也遵循互惠的原则，你恭维某人，就像请他吃饭或者给他送礼一样，他在潜意识中会觉得欠你一个人情。你的恭维也从第三方的角度强化了他的自我形象，他的满足感会转化成对你的支持。恭维也要恰到好处，过度的恭维又容易被人理解为曲意奉承。

无论是向上、平级还是向下的关系，人性中都有内在狗熊模式，那么梳毛的能力就不可或缺。能看见自己的人也能看见别人，会给自己的内在狗熊梳毛的人也会给别人梳毛，这样的人很容易跟别人的内在狗熊建立连接。此外，我们还需要有意识地提升自己的格局，有情怀、有担当，善养浩然之气，就很容易与别人的内在圣人共鸣，成为好友。当然人多数时候还是处于内在凡夫的状态，守规矩、讲义气，礼尚往来，才容易和别人的内在凡夫成为好友。在职场，你能和领导、同僚、下属成为内在圣人的同道，有共同的情怀和梦想；又成为内在凡夫的好友，有共同的目标和利益；还能成为内在狗熊的合作伙伴，彼此梳毛，情感基础很好。那么，你职场的圈子一定会经营得很好。职场中最大的无形资产是团队的默契。一个好汉三个帮，无论是谁，都渴望身边有几个值得信赖的人，关键时刻敢把重要的事情托付给他。

五步把领导发展为好朋友

某学生很苦恼地问：“我的领导脾气很坏，见谁骂谁，人人都怕。他还给自己辩解：骂你是因为我重视你，懒得骂你时就说明你没救了。我怎么才能与这样的领导相处啊？”

拿我的理论解释，发脾气是内在狗熊炸毛，炸毛是因为它的基本诉求没被满足，你要透过他的表现分析是什么需要被看见、被理解，是什么核心诉求没有被满足。当所有同事都害怕挨骂而远离领导的时候，领导每天的最低情感需求是不是更难得到满足。越是最低情感需求得不到满足，他越容易发飙。谁能把他从这个恶性循环中拉出来，谁就有机会从职场突围。回避不是解决问题的办法，只能勇敢面对。他决定用五步法积极改善与领导的关系。我用教练引导的方式帮他走完这五个步骤。

第一步，看见自己。为什么不敢接近领导？怕他的内在狗熊炸毛伤害自己。还有吗？还担心自己格局不够，跟领导不在一个频道上。这一点很重要，德鲁克认为高管是站得高、看得远、着眼大局的人。如果你格局很大，从大处想，一心为公，了无私心，为什么要怕领导呢？怕领导的深层原因还是自己的内在凡夫有小九九，想得到赏识又怕失去信任。实际上你的内在圣人是无所畏惧的，是你的内在凡夫和狗熊在害怕。以后见领导之前就先激活自己的内在圣人，眼界放远、格局放宽、带着一颗公心来敲响领导办公室的门。

第二步，看见别人。领导内在狗熊炸毛背后的心理诉求是什么？领导的内在凡夫当然要业绩，做下属必须要有过硬的能力。领导的内在狗熊也需要梳毛，也有最低情感诉求。领导的情感诉求谁来满足、如何满足，是一个值得探讨的话题。表面上领导批评你工作不到位，有没有可能想证明他的能力强呢？批评背后可能两个层面的含义：其一，工作的确存在不足；其二，可能是用批评包装起来的梳毛邀请。基于你领导太缺乏情感满足，第二种可能性更大。这就需要你稍微反转一下再回应：“领导，还是您见多识广，想得周到，我怎么就没想到呢？”安抚了领导的内在狗熊，领导一高兴可能就向你讲他的奋斗史，你就有机会再次表达崇拜，领导内在狗熊的毛就梳顺了。找机会让领导展示优越感，找机会表达欣赏和崇拜，久而久之，领导就会对你形成一个“你懂我”的好印象。领导需要存在感、优越感，你要主动给他机会找到存在感，展示优越感，他的内在狗熊就不炸毛了。批评和征求意见背后，或多或少都有梳毛邀请的成分。

第三步，制订策略。只有把领导内在狗熊的毛梳顺了，领导能够理性思考，你才可能在相处中获得对等的话语权。跟领导探讨方案时也永远别忘了梳毛，即便你有绝佳的点子，也要让领导先说，然后你再说：“受您启发，我突然来个灵感，您看……”领导夸你点子好的时候，一定要说是他启发得好。先抛问题，再头脑风暴，在风暴中悄悄植入自己的想法。这叫：以请教之名，行影响之实。过程中顺便梳毛。

第四步，主动行动。任何领导都喜欢执行力强的下属，执行结果好，主动向领导汇报，并将好的结果归因为领导指导有方。若执行中遇到新的问题，及时汇报，然后再次跟领导一起共创解决方案。有了错误和瑕疵，主动承担责任、承认错误。如果领导缺乏安全感，就主动汇报中间结果，别等他过问时再汇报。好下属会主动让领导放心。力争成为让领导放心的下属，领导就会给你更多的信任和授权。

第五步，持续迭代。多数工作完成后要复盘。这里要强调的是，复盘不仅仅是对事件的回顾，还要对人与人合作进行回顾。合作中的默契点要通过共同回顾的方式加深彼此的印象，小误会要通过共同回顾的方式及时化解。还要暗自评估一下你和领导之间的默契度有没有提升，你与他的关系是不是朝着彼此和谐、各自独立、相互滋养的方向发展。

学生践行了这套策略，坚持了大概半年，他自豪地说已经把领导发展为好友了。因为他还同时上了我的“心力训练营”和“领导力训练营”。很多他的同事难以搞定的事情都拜托他去做领导的工作。有同事很纳闷，为什么他能与领导相处？他说：“高处不胜寒，站得越高的人越需要有人懂他，我就努力成为那个懂他的人。”

第五章

双向奔赴，同修陪练：同序位关系的经营策略

想要把两块形状各异的石头放在一个箱子里，需要尝试各种摆法之后找出相对合理的装箱方式。大部分人的夫妻关系与此相似，凭感觉长时间磨合，找到大家都舒服的相处方式。亲密关系意味着双方模式的匹配和修正。有研究表明，长男和长女组成的家庭容易因争夺控制权而陷入争斗模式；长女和幼男、长子和幼女的婚姻则容易形成姐姐保护弟弟或哥哥保护妹妹的良性互动；幼男和幼女也比较容易相处，不足是双方都不管家，容易使家庭陷入“无主”状态。这其实都是模式磨合的结果。

模式碰撞与亲密关系磨合

某位女士号称她是吸渣体质，总能遇上渣男。离过几次婚，每次婚姻都会遭遇家暴。她的再婚先生是一位文静优雅的人，她想这下该不会再被家暴吧。婚后总体感觉还好，也难免发生些别扭。一次跟先生怄气，两人谁也不说话。她前几次婚姻的经验告诉她没什么好事，就先说话了："半天不说话我知道你在想啥。一定想着要打我，你敢打我一下试试。"丈夫说："我没想打你呀。"她说："你们男人都一肚子坏水。还跟我撒谎，你今天不打我就不是男人。"

很多人无形中就把亲密关系搞得一团糟还不知道原因，是因为他们并没有意识到自己身上的模式一直在暗处起作用。

■ 弱女子如何演变为女汉子

有在婚姻中走向良性循环的例子，当然也有因不善经营，无意识地将亲密关系推向恶性循环的例子，醒悟过来时发现已深陷泥潭。人格不独立的人走进婚姻殿堂，越强势反而越容易把婚姻经营得一团糟。因为不独立还强势，势必会严重干涉另一半的心理空间，从而制造很多矛盾。唐女士分享了她在八年婚姻中一步一步把自己塑造成女汉子的经历。

唐女士和丈夫同在一家做医疗器械的企业上班，比她大 8 岁的丈夫是技术骨干，她则是销售明星。俩人恋爱后就决定双双辞职创业，成立了自己的夫妻店。丈夫负责研发，她负责销售，很快就做得小有起色。创业初期，举步维艰。她遇到任何困难，丈夫都会给他一个温暖而有力的肩膀，给她情感安慰和思路支持，她按照丈夫的方案去执行，常常有意想不到的收获，她非常崇拜智多星丈夫，暗自庆幸自己捡了一块宝。

在她的努力和丈夫的支持下，产品逐渐打开了销路，生意越做越大。她也在这个过程中越来越能独当一面，结交了很多重要客户，应酬越来越多。她总能应付各种场面，在商海如鱼得水，只好把一双儿女甩给丈夫。技术出身的丈夫则朝九晚五地在厂里上班，早晚接送孩子上学。渐渐地，她和丈夫的家庭地位有了微妙的变化。她越来越像女汉子，丈夫却越来越像家庭主"夫"。她觉得今天的事业多半是自己打拼出来的，所以渐渐对丈夫粗鲁起来，丈夫却总是让着她。

有段时间，她在生意上遇到一点挫折，心里比较郁闷，回来向丈夫倾诉。她才意识到丈夫再也不是以前给她宽厚肩膀可以依靠的大哥，也不是危难时刻总能妙计安天下的智多星军师。丈夫像旁观者一样轻松地说："这点事对你这样的铁娘子来说还不是小菜一碟。"她突然意识到自己确实不需要别人出主意，而是心里有苦、身子也很累，需要一个能靠的肩膀。于是决定拉丈夫出去喝酒聊天，丈夫却咋劝都滴酒不沾，她一个人居然把一整瓶红酒都喝完了。最后哭着说："我什么都不要，我只要你哄哄我，你以前那么会哄我，现在怎么不会了呢？恋爱时那个阳光宽厚的大哥哪儿去了？"没想到丈夫却说："作为男人，这几年我觉得活得很窝囊。很多次都想过离婚，只是看在两个孩子的份上硬忍。"

唐女士很不解地问我为什么婚姻会发展到今天的地步。我说："你用了八年时间，成功地把自己从温柔女孩变成女汉子，又成功地把丈夫从智多星改造成家庭主'夫'，反过来却嫌弃人家。原因在于你的拯救者模式一点一点地挤压了丈夫的生存空间，让他的存在感越来越低。你干了太多本该他干的事情。除非你让渡一些空间给你丈夫，让他能在你们的事业中找到发挥才干的舞台，否则你们的关系会朝着更糟糕的方向发展。”

后来我了解到，外表温柔的唐女士原生家庭中的妈妈就是女汉子，里里外外都忙不够，她爸爸就甘当绿叶。合适的外部条件全面激活了潜伏在唐女士身上的女汉子模式，随着自我的不断膨胀，逐渐变得很霸道，侵略性很强。这种拯救者模式一点点侵占了丈夫的心理空间，剥夺了丈夫成长的机会。自己春风得意的时候，恰是丈夫心中苦闷的时候。关系悄悄地朝着内在不和谐、彼此不独立、相互消耗的方向发展。尽管他们的事业越来越成功，关系却走向了恶性循环。

良性的亲密关系一定要每个人都回到自己的天性上，才是最节省能量的。一方扭曲必然会波及另一方，扭曲大到一定程度，婚姻就难以为继了。婚姻中的双方一定要对亲密关系的走势敏感，对关系中双方的状态敏感，及时动态地做出调整，这是亲密关系的保鲜秘籍。

■ 她这样改造了妈宝丈夫

大妞嫁给小宝后才发现小宝是个彻头彻尾的妈宝。大妞是个不服输的人，她决心要用自己的方式帮这位妈宝长大。尽管小宝的家境不错，他还是把每月的工资如数交给他妈。大妞见状，也把自己的工资交给她妈临时保管。对小宝说：“既然你把工资交给你妈，我也把工资交给我妈了，咱俩要表孝心，就只好委屈自己吧。”俩人的小日子紧紧巴巴地过着。

小宝妈急于抱孙子，见到小宝就问你媳妇咋还不见动静。大妞却坚决不同意要孩子，理由很直接：“我可不能要个孩子跟我一起紧紧巴巴过日子。鉴于你还没长大，没做好当父亲的准备，也承担不了当父亲的责任，孩子是坚决不能要。什么时候你像个男人了，能给孩子一个幸福的家，再考虑要孩子。”小宝没了主意就找他妈商量。于是一家人坐下来谈判，婆婆说：“小宝的工资不再上交，生了孩子我还另外补贴奶粉钱。”看来博弈朝着有利于大妞的方向发展了。大妞对婆婆说：“靠老人接济算什么大丈夫，不能要老人的钱。既然您同意，从今天开始我们都不把工资上交了，开始攒钱，攒够20万再考虑要孩子。”婆婆急忙说：“小宝以前上交的工资我一分没花，都在卡上存着呢，现在就拿给你，快点凑够20万吧。”大妞也把她存在娘家的钱拿了回来。

从这以后，小宝才逐渐把心思花在自己的小家上。大妞虽然很能干，里里外外都是把好手，但她拎得清，凡是该小宝出面的事情，哪怕她唾手可得也选择袖手旁观，必须由小宝亲自上阵，甚至不允许公公婆婆帮忙。几年历练下来，小宝的独立性越来越强，俩人的婚姻也渐入佳境，也要了可爱的宝宝。

男人身上的孩子气一辈子也退不干净，因为内在狗熊终其一生都随身带着，熊孩子被激活就会很蛮横、淘气。案例中的这位小宝遇到大妞这样的贤妻，才一步步从严重依赖状态走向独立状态。生命中的贵人就是让你变得更好的人，他可能带来短暂的不舒服，但一定会帮你越来越独立。卓越关系近乎冷酷，也无非是为了彼此独立。彼此独立，关系才可持续，才能给彼此带来真正的滋养。不要把依赖误以为滋养，因为依赖一定会侵犯另一方的独立。大妞用自己的方式一点一点把他们的亲密关系改造成和谐、独立、滋养的卓越关系，也顺便带动自己的老公和婆婆迈向独立。我经常说，**一个家庭里只要有一个明白人，彼此关系都不会有太大的滑坡。**

婚姻各阶段的心路历程

克里斯多福·孟在《亲密关系》中把婚姻划分为四个阶段：绚丽期、幻灭期、内省期、启示期。这四个阶段背后的线索是双方从不独立到独立，从理想到现实，从虚拟到真实的过程。下面我们来梳理一下这四个阶段的发展脉络。

青春期的青年都幻想美好的姻缘。青年男士把另一半都想象成公主，青年女士把另一半都想象成王子。理想很丰满，现实很骨感。现实中哪有那么多公主和王子？眼看到了谈婚论嫁的年龄，公主和王子还没有出现，只好向现实妥协，降低标准，找个差不多的人结婚。所谓的般配，其中有一部分是互相妥协的般配。还有，恋爱时的双方都竭力向对方展示自己优秀的一面，热恋中的情侣其实都是在和竭力表现的对方相处，并非与真实的对方相处。俩人爱上的标志是彼此在心目中给对方完成了建模，即刻板印象已经形成。此后，哪怕对方偶尔流露出一些缺点，你也会自欺欺人地将其合理化或干脆选择忽视。

就这样步入了婚姻殿堂。此刻男女双方心里各有自己的想法，那就是先结婚，通过婚姻的磨合我再慢慢改造另一半。俩人都有在生活中逐渐把对方改造成理想的王子或公主的想法。这就是婚姻中的绚丽期，双方看到的都是对方的优点，把对方想象成王子或公主，即便有点瑕疵还抱着婚姻后改造的期望。绚丽期是因为双方既不独立也不真实，所以会造成一种幻象。因为不独立的两个人走到一起，自我边界临时瓦解形成互相依赖的共生体，又因为彼此都呈现出不真实的自己而创造出浪漫而绚丽的爱情。这就为婚后的对抗埋下了伏笔。

婚后双方很快就发现两大落差。其一，对方并没有恋爱时那么完美，突然就原形毕露了。改造工程比预想的要大很多。其二，改造一个人实在是太难了，所有改造工作除了会增加摩擦、伤害感情外，没有任何效果。最后只能接受彼此，然后将其合理化为：江山易改，本性难移，这辈子就这样了，凑合着过吧。实在难以忍受的人会选择离婚。婚姻就这样进入幻灭期。

接下来，如果还没有离婚的话，婚姻会进入各自内省期：到底需要什么样的亲密关系？到底需要什么样的家庭？前面讲过很多原理，跟别人相处只是跟自己给别人建构的印象相处，外面没有别人，只有自己。深入内省后才发现，其实自己对别人的那些渴望使得自己陷入了不独立的依赖态。你在潜意识深处认为：只有伴侣变成理想的样子，自己才能幸福。而真相是，**只有你先活出独立的样子，才能带动对方独立。**高水平的独立才是高质量关系的基础。**恋爱时走在一起的原因是相互依赖，结婚后能走下去是因为彼此独立。**人在婚姻中依然要做自己，谁在婚姻中迷失自我，谁将付出惨重的代价。再深入一点内省，就会发现婚姻的意义恰在以彼此为镜，近距离地观照，在婚姻中各自修炼各自的低效能模式，各自修炼各自的独立。

最后，婚姻迎来启示期，双方都懂得在婚姻中修炼自己，尤其是借助对方的慧眼发现自己身上的低效能模式，借助对方的长处修炼自己的短板。婚姻是两个家族的融合，双方都集成了各自家族的模因，有优秀的也有劣根的。婚姻就是在深度融合中集成双方家族的优秀模因，抑制彼此的劣根模因。从而重新整合成小家庭的相处模式，再传给下一代。比如丈夫的大男子主义多数是因为对其原生家庭的愚忠所致，发生冲突后不加分别地向着他妈妈，说明这位丈夫根本没长大，心理上还是个大男孩。而这种蛮横姿态会无形中放大自己家族的劣根模因，抑制了对方家族的优秀模因。在婚姻中，**越强势越会放大自己家族的劣根模因，限制对方家族的优秀模因。**而孩子不具备判断是非的能力，却能感受强弱，孩子会向强势的一方学习。所以强势不仅会耽误自己的成长，而且会耽误孩子的成长。婚姻进入启示期的标志是双方的关系通过不断的迭代，逐渐修炼出内在和谐、彼此独立、相互滋养的状态。

五步逆转亲密关系

亲密关系如何反转？先看一个典型的婚姻从崩溃边缘成功逆转的案例。

马先生出身寒门，上了名校；牛女士家里有钱却没有考上名校。马先生跟牛女士结婚，在大城市落了户。才华和财富的结合看上去非常完美。婚后夫妻双方与女方父母同住在女方家中。女方家实力雄厚，对生活品质、卫生习惯、生活细节要求都很高，马先生尽管非常努力，却还是很难适应。矛盾渐渐就暴露出来了。岳父母骨子里看不上女婿的粗鲁，经常在女儿面前数落女婿。时间长了，牛女士也站在她父母一边。同时，马先生对牛女士也越来越不满意，觉得他们家世俗、功利，甚至仗势欺人。奈何人在屋檐下，只能忍着，内心却很压抑。时间长了难免发生正面冲突。后来越吵越厉害，双方都受不了了，小两口就搬出去住。

此后两人磕磕绊绊地凑合着过，还生了个儿子，但吵闹从来没消停过。时光荏苒，很快孩子都十岁了，儿子没有继承父母的优点：爸爸是个学霸，儿子却学习一塌糊涂，不仅学习不好，性格还非常狂躁。两口子为孩子的学习成绩又闹得不可开交。牛女士百思不得其解。带着困惑来到了我的课堂上向我咨询："我的孩子为什么没有继承双方的优点，反而哪哪都不行呢？"

我认为：孩子继承父母双方的优点还是缺点，主要取决于家庭的和睦程度。家庭和睦，孩子继承双方的优点就多，家庭不和睦，孩子继承双方的缺点就多。孩子学习差不是因为智商低，而是因为不自信，缺乏安全感，不能全身心地投入学习。为什么呢？其一，因为孩子是父母爱情的结晶，身上流着父母的血。妈妈否定爸爸，这意味着否定了孩子的一半；爸爸否定妈妈，则否定了孩子的另一半。反复强化后，孩子就会觉得自己很倒霉，一无是处，简直就不应该来到这个世界上。其二，父母动辄吵架，闹离婚，孩子一直担心父母双方关系的恶化，自己该何去何从。孩子的内在一直是不安的，别人家的孩子有舒心的家庭环境，可以心无旁骛地学习，而这个孩子则在整天担心父母会不会离婚。孩子还会自己否定自己：老妈指责老爸的毛病，我身上有；老爸指责老妈的毛病，我身上还有。当孩子的自信心受到打击，内在又不断自我攻击，还缺乏基本安全感的时候，根本无法把精力专注在学习上，学习成绩怎么可能会好？

经我这样分析后，牛女士说："我以为孩子智商随了我，现在看来，和谐的亲密关系对孩子的成长非常关键。"她把这些理念分享给老公，马先生原本就是学霸，很快也意识到了问题的严重性。他们下决心采取行动改变现状。

首先，婚姻不是两个个体的事，而是两个家族的融合。理想的婚姻能够把两个家族的优势模因整合好，借对方家族优势的模因弥补自己家族劣势的模因。夫妻双方互相指责，孩子都会看在眼里，记在心里，身教的影响力远大于言传。孩子没有明辨是非的能力，却能感受出孰强孰弱，而且一定会向强势的一方学习。当夫妻吵架时，双方都激活了内在狗熊，都会不自觉地呈现出各自原生家庭中强势的样子，把劣根模因放大。伴侣的优势模因就会被压制。孩子在这样的场景中习得的是强势方的劣根模因。在父母不和的家庭环境中，孩子习得的是父母双方的劣根模因。父母的彼此指责会导致孩子不断否定自己，总闹离婚会导致孩子身心不安，再加上在学校表现不好的话也会受到指责，持续强化那些负面的影响，孩子怎么可能优秀？牛女士与马先生用改善关系五步法分别做了改善关系计划。下面以牛女士为例简要说明。

第一步，看见自己。牛女士像旁观者一样看见婚姻中的自己。看见自己因为家境好而优越感十足，看见自己娇惯出来的任性。她总是用自己的优越感打压丈夫，用自己的生活习惯规范丈夫，也看见自己在丈夫面前因为学历低产生的自卑。还洞察到自己与丈夫走在一起的原因：既有爱慕虚荣的功利成分，也有青春期叛逆与父母赌气的因素。甚至看见当年选择丈夫还有一点拯救穷小子的意味。自己的任性和霸道侵犯了丈夫的心理空间，没有尽到“梳毛”的义务，难怪丈夫总是借故加班很晚才回家。更深刻的是她觉察到了自己的不独立，她引以为豪的家境不属于她，丈夫的高学历也不属于她。她必须告别原生家庭，与丈夫一起创造属于自己的精彩。

第二步，看见别人。她看到了丈夫的隐忍，丈夫在她家活得很委屈，满腹才华没有施展之地。更深的觉察是：她感受到自己每每展示优越感的时候，丈夫表现出来的不屑，而这份不屑又激活了她内心深处的自卑。为了掩饰这份自卑她又会换个方式加倍展示自己的优越感，而她展示优越感的行为却又再次戳中了丈夫的敏感神经。这就是他们之间经常吵架背后的情感纠缠，各有各的敏感神经，各有各的攻击手段。渐渐发展到了非必要不说话的地步。为了孩子的健康成长和家庭的未来，必须结束这种无聊的相互攻击模式。她还觉察到丈夫的才华才是小家庭的潜在财富，应该给丈夫创造施展才华的条件，通过事业成功让丈夫得以舒展，这样也是给孩子做个表率。

第三步，制订策略。看清彼此之后，她把自己的觉察分享给了丈夫，丈夫也分享了他的觉察和反省。经历了一场深度会谈后，两人抱头痛哭。压抑多年的情绪被释放了。两人组合成家庭的目的就是要整合优势，挖掘潜力，彼此成就。两人共同商议了几条改进措施，首先，家是爱的港湾，要开展温暖工程，双方互相尽“梳毛”义务，还要表扬和鼓励孩子。尽最大可能包容对方，尊重各自的生活习惯，不再为鸡毛蒜皮的事伤感情，不再触碰对方的敏感神经。其次，要给丈夫创造施展才华的机会。支持丈夫辞职去一家微电子公司当技术总监，还拿出家里的资金入股，帮助丈夫把满腹才华变现。然后，主动去丈夫的老家看望公婆。这一点让丈夫非常感动。丈夫也主动回她家看望岳父母。最后，她要重返职场，不是为了挣钱，而是为了活出独立自信的自己。两人各自都做出了承诺，还约定彼此要互相监督和支持，有进步要一起庆祝。把敌对关系转变为协同进化、陪伴成长的学友关系。

第四步，主动改变。身段一旦放下，执行力就会很强。所有改变都是丈夫梦寐以求的，丈夫的积极性当然也很高涨。就这样，他们各自行动，彼此激励，家里很快有了活力。丈夫变得越来越自信了，公司因为赶上好时机已经完成了两轮融资，前途一片光明。业余时间丈夫还带孩子打球，丈夫有活力了，孩子也变得更自信了。接着孩子还给了他们一个又一个的惊喜，像爸爸一样会学习，像妈妈一样会处理关系。

第五步，持续迭代。经过几年有意识的改变和迭代，这个家庭越来越好。丈夫的公司也被一家大机构收购了，赚了不少钱。她在职场也风生水起。反观父母年龄大了，也没有以前那么风光。他们都暗自庆幸，主动改变，走出困局，活出了属于自己的精彩。

这是一个将亲密关系从相互消耗模式转化成相互滋养模式的典型案例。其中最重要的转变是他们从相互攻击转变为相互欣赏。双方相互攻击的原因恰恰在于彼此的优点、所付出的努力以及基本的情感诉求没有被对方看见并满足。指责和抱怨多是包装起来的“梳毛”邀请，看到对方渴望被看见的需求，欣赏对方的长处，肯定对方的付出是建立良性循环的关键。只有当双方都感受到被看见时，夫妻双向奔赴的关系才能建立。**看见是改变的枢纽，接纳是改变的开始。**

五步化解家庭冲突

几年前的某一天，韩先生情绪低落地跟我说：“昨天又跟妻子吵架了，现在想起来还既气愤又愧疚。”原来他妻子是某企业的核心骨干，工作起来像拼命三郎，整天早出晚归，加班加点，非常忙碌。让他忧心忡忡的是，妻子经常一忙起来连午饭都不吃，说饿过点了就没胃口了。后来因胃痛检查出患上了胃溃疡。

昨天晚上九点半，妻子又拖着疲倦的身体回家，居然中午又没有吃饭。他一听就“炸毛”了：“你不要命了？说了多少遍了你就是不听！工作是企业的，身体是自己的，再这样下去赚的钱都不够看病的！”妻子瞪了他一眼，二话不说就回房休息去了。他赶紧去厨房做了牛奶和煎鸡蛋端给妻子，妻子却赌气不吃，说气都气饱了。他越劝，妻子火气越大，后来妻子竟哭诉说：“加班那么晚，不还是为了这个家吗？回来再受你一通气，我受够了。”妻子的话让他很愧疚。但不吃午餐这件事不说又不行，该怎么办呢？

第一步，看见自己。面对妻子再次没吃午餐，内在狗熊为什么突然炸毛？首先，缺乏安全感，心里泛起一股隐忧，这样下去妻子身体垮了怎么办？其次，效能感没满足，说了多少次了你就是不听。最后，归属感缺失，你好像嫁给了你的工作，心里还有这个家吗？最后，缺乏满足感，不满意妻子的表现也不满意家庭的现状。四感全部缺失，狗熊炸毛便可以理解了，这样做也是为了整个家庭的未来考虑。尽管炸毛的理由十足，但有修养的人永远不会放纵自己的内在狗熊伤人，尤其是在妻子已经疲惫不堪的时候。**道理永远只在别人能听进去的时候讲。**

第二步，看见别人。妻子饥肠辘辘地拖着困倦的身体很晚才到家，渴望的是被看见和被关照，迎来的却是指责。她当然也知道不吃午餐对身体不好，就像抽烟的人都知道抽烟有害健康一样。但这个当下她需要的也许只是一个拥抱和一杯热牛奶。要看见妻子被指责后的委屈，尤其是在她很脆弱的时候却还被最亲的人指责，她的满足感、效能感、归属感也严重缺失。

第三步，制订策略。等妻子冷静后，一定要先诚恳地道歉，无论什么情况，放纵内在狗熊都是不对的。然后心平气和地向妻子说："我每天心都悬着不知道你中午吃没吃饭，只有知道你吃了中午饭后我才能安心工作。我很担心你的胃病再往不好的方向发展下去，为了我和孩子，工作再忙也要吃午餐。你按时吃午餐就是对咱们家最大的贡献。"经过协商，他们制订了行动方案。首先，妻子每天要吃午餐，并发微信给丈夫。让丈夫不再操心。其次，妻子的包里永远要带牛奶、巧克力等零食，以备不时之需，绝不能空着肚子硬撑。最后，丈夫还说妻子要是能坚持吃午餐的话他就戒烟。双方都写了保证书，妻子也来劲了。双方相互监督，共同进步。

第四步，主动改变。此后，每天中午他都给妻子发微信询问吃没吃午餐，妻子也很配合地回复他。他也说到做到开始戒烟。有意思的是，当妻子把按时吃午餐和丈夫戒烟联系在一起的时候，吃午餐就多了一份动力。丈夫把抽烟和妻子吃午餐绑定在一起后，他这次戒烟还真成功了。相互承诺、各自行动，共同为家庭未来做贡献的感觉真好。

第五步，持续迭代。有了这次成功的体验，他们干脆把儿子也纳入创建幸福家庭的计划中。每半年，家庭成员每人说一个为家庭幸福而主动改变的行为，并制订考核标准，彼此监督，还经常为彼此的进步庆祝。小日子过得越来越红火。家庭也是一个小的社会系统，系统中的每位成员都处在内和谐、外独立的状态，系统才会健壮。只有不断地检查每个成员的心理状态，**动态调整家人的相处方式才能把家经营成爱的港湾。**

高水平独立赢得高质量关系

每个人都既和自己相处，也和别人相处。表面上，关系是与别人相处的能力，而实际上，根本的功课还在于学会跟自己相处。唯有活出真实的自己，才能赢得真正、真诚的关系。唯有活出独立的自己，才会拥有相互滋养的关系。

■ 独立才是最好的嫁妆

有位女生问我："田老师，你看我最近有没有进步？"我回答说："要是我说你没有进步的话，你一定会伤心半天。你为什么要把对自己的评价权拱手让给别人呢？"过分关注别人的看法，把对自己表现的评价权让渡给别人，也意味着同时把自己的幸福权让渡给了别人。如果你高度依赖他人，你也会选跟你一样依赖他人的人做伴侣。在原生家庭不独立的青年男女的潜意识诉求是：想找一个人照顾自己。这样的婚姻自然就会演变为两个没有长大的小孩之间的过家家。俗话说，好男不在家当，好女不在嫁妆。比家当和嫁妆更重要的是心智成长，原生家庭培养的独立才是给儿子最好的家当，给女儿最好的嫁妆。

一位学生问我："田老师，你看我啥时候才能够遇到我的真命天子，啥时候才能够把自己嫁出去？"我看她的打扮：留着短发，说话干脆，做事雷厉风行，一派假小子样。我说："你的能量状态不像女性，倒像个假小子。你要好好修炼，总会遇到更好的另一半。婚姻是要看机缘的，机缘没到的时候先修炼自己。把自己修炼得独立自洽了，你的另一半就来了。看似姻缘没来，实际是自己还没准备好。"

很多向我咨询亲密关系的朋友，一上来就摆出一副受害者的姿态，倾诉对方的劣迹，展示自己的可怜。其所有表现都在呈现一个事实，就是他自己不独立，对伴侣的期望和要求太高，而自己又不懂得爱自己，眼巴巴地等着别人来爱。我特别喜欢一句很有哲理的话：你跟伴侣的心理距离就是你跟自己的心理距离。独立的本质是学会自爱。看不见自己的人也很难看见别人，不爱自己的人也没有能力爱别人。反过来，一个人一旦学会自爱，对外部的依赖度就没那么大了。所以萨提亚说："每人每天都需要20个拥抱，其中一半是自己对自己的拥抱。"独立性强的父母也会无意识地培养出独立性强的孩子。相反，依赖性强的父母也会在无形中培养出依赖性强的孩子，于是相互依赖的多米诺骨牌效应就发生了。在一个彼此深度依赖的家庭系统里，只要有一个人觉醒，意识到成长是终生的事情，高质量的关系建立在高质量独立的基础上，就会带动更多的家人觉醒，从而迈向独立。既然我眼中的我、你眼中的你、你眼中的我、我眼中的你都不客观，那么为什么还要选择相信别人的评价呢？为什么不用心活出自己心目中的自己？高质量地活出自己的人才能高质量地与他人相处。

不再想活成别人眼里的样子，立志要活出自己心目中的样子，做到这点，你就独立了。最高水平的独立像庄子讲的那样："举世誉之而不加劝，举世非之而不加沮。"全世界的人都说我好，我也不会飘飘然，全世界人都骂我，我也不会沮丧。因为我自己知道自己活得好不好，知道自己要活成什么样子。当一个人能活出独立的状态时，他看别人的标准也变了。当你高度独立时，就会喜欢和跟你一样独立的人做伴侣。你不独立时，选伴侣其实是在选依赖对象。当你把自己修炼独立后再选择伴侣，步入婚姻殿堂，亲密关系的质量就高很多。

重新盘点你的朋友圈

讲到这里，大家可以重新盘点一下自己的朋友圈，罗列出生命中几个最重要的朋友。看一看你们的关系是否内在和谐、彼此独立和相互滋养。也许你会惊讶地发现，跟你关系最亲密的朋友居然与你一样不独立，是同病相怜又抱团取暖的“难友”。或许你会发现，让你恨得牙痒痒的朋友其实是在用他的方式唤醒你，让你变得更加独立。

你也有可能会发现，尽管你们的内在凡夫彼此争斗，但内在狗熊却早已成为不离不弃的好朋友；尽管你们的内在凡夫合作紧密，但内在圣人却互不欣赏，形同陌路。总之，如何用全新的视角看待朋友，如何用全新的方式与朋友相处，或许是你应该重新思考的问题。

亲密关系的五大经营策略

亲密关系中相处的难度在于双方既要亲密无间地赤诚相见，又要在关系中相互尊重，彼此保持独立，其中的度很难把握。这里我提几条亲密关系的经营策略，未必全面，但很重要。

■ 主动梳毛：家不是讲理的地方

人人都有三个圈子：工作圈、朋友圈和生活圈。三个圈子分工不同，工作圈是做事的地方，朋友圈是学习的地方，而生活圈则是休息充电的地方。家是爱的港湾，是做事、学习累了，回来休息充电的地方，彼此梳毛才是在家的主要功课。

有学生说："我们家不允许在餐桌上议论八卦。"我问为什么，她说："净说些'不打粮食'的事情，很无聊。"因此我就知道她的亲密关系不怎么样。家就是梳毛的地方。在家里，闲聊才是正经事，谈正事才是错的。人和人的感情多半是闲聊聊出来的。闲聊其实是梳毛的一种方式。有学者比较研究了关系融洽的夫妻和关系紧张的夫妻一天中的对话内容，发现关系融洽的夫妻交流中的梳毛语言是关系紧张的夫妻的10倍以上。实际情况是，不少人对自己的至亲很少去赞美，也不说谢谢，认为那都是应该的。反倒对外人客客气气。把温柔给了客户、同事，反倒带着冷漠回家。我在一次线下课讲到这里时，一位同学说："田老师讲的令我毛骨悚然。我搜索了与妻子近三年的微信聊天记录，我跟她说的'梳毛语言'少之又少！"家是梳毛的地方，不是讲理的地方，在家庭环境里，长篇大论抵不过一个深情拥抱。

人人都要反省：自己对谁没有尽到梳毛义务。我还经常威胁同学说："你不主动给他梳，有人就会替你梳。别人替你梳了，问题就严重了。"客观上每人每天都需要最低量的情感关怀才能维持脑内多巴胺和体内催产素的分泌量，人人都需要情感关爱，关键是在哪个圈子，由谁来满足。

共启愿景：目标大了是非少

家庭也是一个小系统。凡是系统都要完成特定的功能，实现特定的目标。家庭中有等待小宝贝降生、孩子升学、结婚等大事的时候，一家人齐心奔向一个明确的目标，很容易凝心聚力。尽管当时大家都忙得热火朝天，可是回头一看会发现，一家人围绕一个目标努力奋斗的感觉真好，这会成为所有家庭成员的心理资本。相反，没有共同奋斗目标的家庭，成员之间就容易闹矛盾，这叫无事生非。我们的注意力总是需要有目标聚焦的，不聚焦在未来就会聚焦在过去或当下，没有目标就会对现状品头论足。

无论是二人世界还是三口之家，总是要制定一些小目标并齐心协力去实现，这样很容易凝聚家庭成员的力量。一旦找到共同的愿景，彼此就会更团结，行动便会更一致，各人的内心便会变得从容而坚定，不再吹毛求疵，不再被感性的烦恼所困扰。

有位刚刚退休的大哥说："原本想着退休生活有多美，没想到退休后净和夫人吵架了，还不如上班。"问题就出在退休造成的临时目标缺失上。现在的人都长寿，退休后还要活很多年，一定要有一个共同的目标，比如一起去旅游。而且愿景越大、目标越宏伟越好。很多老人仍旧干劲十足，是因为他有一个很大的梦想占据了大部分注意力。当一个人为自己想要的东西而忙碌的时候，就没有时间为不想要的东西而担忧了。当一个家庭为了他们共同的梦想而奋斗的时候，就顾不上争吵了。

■ 随态现化：动态匹配对方状态

在亲密关系中，当丈夫表现出大丈夫的样子时，妻子就要做贤内助，这叫"相夫"。当丈夫表现出大男孩的样子时，妻子就要扮演母亲的角色，这叫"教子"，"相夫教子"的对象是同一个人，只是随态现化罢了。很多女性在婚姻中陷入被动的原因是只能扮演好一个角色，不能同时扮演好两个角色。

同理，妻子表现出小鸟依人的姿态时，丈夫就要把她当女儿养。妻子表现出母仪威严的姿态时，丈夫就要把她当母亲看。因为在一个家庭中，男人代表阳性力量，女人代表阴性力量，阳性力量很容易不计后果地冲过头，所以必须有阴性力量牵制。阴性能量容易陷入惊恐，必须有阳性能量保护。越是雷厉风行的人越要有能牵制他的力量，家庭遭遇重大危机多因丈夫不听妻子的劝。小说《白鹿原》里那位智慧超群的关中大儒朱先生在他将死之前特别想叫他妻子朱白氏一声妈。在当时男尊女卑的封建社会，万人敬仰的大儒这一举动太反常了。我想朱先生还是发自内心地想在生命的最后感谢朱白氏给他的那份母亲的感觉。感谢那股包容滋养又收摄内敛的阴柔能量。其实任何人都是“雌雄同体，长幼同身”的，都需要随态现化地与之相处。

行为公约：相处说明书

原生家庭不同，成长经历不同，各人的敏感神经自然也不同。所谓敏感神经就是荣格所说的情结。比如，有的人见到别人排队加塞就怒不可遏，大概率是因为童年时遭遇过不公正的待遇；还有的人见不得别人占小便宜；有的人非常讨厌别人拍马溜须等。别人以为稀松平常的事情，他的内在狗熊已经炸毛了，说明其人反应过度。明显低于常人反应阈值的人，背后必有童年的创伤情结。

亲密关系是生命中最重要的关系之一。双方都要在相处中了解对方的敏感神经，在不具备专业治疗能力的情况下，尽量要避开这些相处的暗礁，避免触碰对方的敏感神经。相处时间长了，双方肚子里各有一本与对方相处的说明书，独特地规定了跟对方相处的禁忌。相处久了，双方也自会发展出一本行为公约。比如，什么事情可以自己做主，什么事情必须商量着来；哪些是公共领地，哪些是私域空间等。

■ 情感账户：持续为亲密关系投资

斯蒂芬·柯维提出的情感账户概念同样适用于亲密关系。偶尔失信一次不会造成情感危机。情感危机爆发是因为双方之间的情感账户严重透支，谁也信不过谁了。亲密关系的双方平时就要主动向情感账户里储值以使情感基础更加牢固，增强亲密关系的抗风险能力。双方相濡以沫的奋斗岁月、相互关爱的温情片段以及举杯相庆的高光时刻都是情感账户里的资本，重温这些一起走过来的岁月，本就是巩固关系的基础。这一点对任何关系的巩固和维系都适用。为此还需要有一些体验设计和仪式感，一年中的大多数时间都会在两点一线中按部就班地度过，日历一张张地翻过去并不会留下太多的印象。生命中的关键时刻总是那些灵魂受到触动的时刻。峰终定律指出：人们的情感体验在巅峰时刻和终了时刻最深刻，最容易留下事后回忆的印象。为了夯实关系的情感基础，在日常生活里确实要用心设计一些共同记忆的“峰终体验”。

切忌在无关痛痒的事情上陷入无谓的争论。很多亲密关系会陷入争论模式，虽然赢得了无关痛痒的争论，却大量透支了情感账户。底层原因还是因为互不欣赏，表面上是不认同对方的观点，骨子里还是对人失去了信任。争论只是借题发挥罢了，实际上是压抑在内心的不满情绪需要发泄。

亲密关系中的四大禁忌

人和人相处的原则是：在炸毛状态下不与人相处，也不与炸毛状态下的人相处。但亲密关系却常常把两个人限制在不容回避、不得不面对的狭小空间内，反倒容易把人性恶的一面全面激发，导致双方都受到很深的伤害。

有一次我很好奇地问一位朋友："假如二十年前你有今天的修为，还会离婚吗？"她不假思索地回答："多年后我常反思那段婚姻，因为当时双方都年轻气盛。彼此都把对方人性最恶的一面激活了，给对方造成了难以弥补的精神伤害。俩人其实都是好人，就是不能很好地相处。"我又问："你现在还能和他复合吗？"她又不假思索地说："怎么可能！钉子拔了眼儿还在。在废墟中另起高楼的工程太大了。"俩好人却不能很好地相处，就是因为彼此交恶太深。为避免这种情况发生，亲密关系中有四条红线决不能碰。这四条红线和内在狗熊的四大诉求有一一对应关系。

■ 不彼此猜忌：改变从敢谈感受开始

猜忌是因为内在狗熊缺乏归属感，觉得对方伤害了自己。猜忌是最耗精力也是最伤感情的事情。

很多婚姻是这样陷入信任危机的。

妻子：“你为什么不向我说真话？”

丈夫：“你那么强势，猜忌心又那么强，说真话不是找‘死’吗？”

妻子：“是你先不说真话我才猜疑的。”

丈夫：“是你猜忌心太强，我才不能什么都说的。”

总得有人主动改变才能跳出恶性循环。对妻子来说，最好的办法是把自己归属感的缺乏以及内心的担忧和盘托出。**观点可以经由思维加工，感受却是真实存在的，无可辩驳。**继而与丈夫一起努力消除这种不好的感受。对丈夫来说，最好的办法是把由于被最亲近的人猜忌而产生的心理感受分享出来，与妻子探讨如何消除这种不好的感受。独立还有一个非常重要的表现，就是敢于分享自己的内在感受。这其实是既尊重自己又尊重别人的积极表现，**在家中谈感受比讲道理更管用。**但很多人受成长经历的限制不善于谈感受，或总是无意识地忽视和压抑自己的感受，导致误会越积越多，隔阂越来越大。不敢谈感受或不善谈感受是自己看不见自己、自己忽视自己的表现，也是导致别人不理解自己的原因。

■ 不精神控制：放过别人也放过自己

控制欲强是内在狗熊缺乏安全感所致。妻子严重缺乏安全感会把丈夫改造成“妻管严”，这也是典型的“病人有病，医生吃药”。有位严重的“妻管严”，晚上跟朋友聚会要一小时一汇报。妻子极度缺乏安全感是有原因的，原来她外公就是很年轻时就早出晚归，最终猝死在外面，外婆后半辈子都缺乏安全感。导致她妈也没安全感，把她爸也管得很严。一个家庭，再痛苦也要直面突发的不幸，即便当时回避，事后也要想办法和解，否则后患无穷。妻子要直面并主动疗愈自己，问题才能彻底被解决。

家庭成员间的关系普遍捆绑得过于紧密，处理不好很容易成为枷锁，妨碍各自的自由。很多人甚至会把配偶和孩子当成自己的私人财产。亲子关系中，儿子不是妈妈的私产。亲密关系中，丈夫也不是妻子的私产。婆媳矛盾中有很大一部分是媳妇和婆婆争夺丈夫（儿子）的控制权。反过来也一样，妻子也不是丈夫的私产。老子说："为者败之，执者失之。是以圣人无为故无败，无执故无失。"越想有作为越容易失败，越想控制越容易失控。因为没有人会心甘情愿地成为别人手中的提线木偶，渴望自由是生命最本能的诉求。**总想控制别人的人实际上是被自己内在的控制欲控制了。**被控制欲控制的人反过来也想控制别人，导致双方都活不出自己的人生。假如双方都既想彼此成就，也想活出自己的多彩人生，那么，若即若离、有秩序地失控才是最佳的相处方式。

不互相揭短：互留面子，少翻旧账

人常说：打人不打脸，骂人不揭短。但在情急之下，似乎打脸和揭短恰恰是最直接的方式。揭短的底层原因是满足感严重缺失。内心深处那些未被满足的需求从来都不愿意屈服，一有机会就出来申诉。

一申诉就惹得对方恼羞成怒，逼对方也激活自己未曾被满足的需求来回怼，于是关系就陷入互相揭短的模式。

我的总裁班上有位老板说："我老婆跟我一闹别扭，就拿我家穷当年没给她彩礼说事，要不就数落我妈当年没帮她带孩子。我的家产都是她的了，说那些陈芝麻烂谷子的事有意义吗？"妻子所倾诉的恰恰是她当年很在意却没被满足的诉求。我说："她这份没被满足的诉求需要被看见和被回应，你就是欠她一次郑重的道歉，帮她跟过去和解。过去的过不去，未来的来不了。我们所有人都无暇怀旧，要拥抱未来。"

有一种伤害叫反刍式伤害，是指人们沉浸在过去的悲痛、失望、内疚等负面情绪中不能自拔，在脑海里不断"反刍"，从而造成次生伤害。注意力被不可挽回的过去占据，就不能全力以赴地开创自己想要的未来。为避免此类情况发生，每个人都要正视隐藏在自己内心深处未被满足的需求。用揭短的方式呈现渴望被别人看见，既伤感情又伤大雅。最好的方式是自己看见自己，采取行动进行自我疗愈，与自己和解。

■ 不攻击家人：尊重历史，创造未来

攻击是由缺乏效能感所致，也是内在狗熊炸毛后最常见的表现。情商很高的人给人的反馈多针对行为，比如，这次考试是你没发挥好而已。当事人会感到安慰，确信自己有更强的实力。情商低一点的人会上升到能力层面，比如，这大概就是你的水平了。当事人会受到

打击。情商再低一点的人则否定得更彻底：你根本就不是学习的料。当事人直接就崩溃了。最让人崩溃的事情莫过于否定他的家族！但攻击家人、否定家族的这种恶毒攻击却常常出现在亲密关系中。配偶相互攻击的破坏力本来就极强，彼此攻击家族的破坏力简直无法想象。

两人能走在一起都要感恩彼此的家族，最不济也要做到尊重对方家族。无论对方家族的过去有多么不堪，摸爬滚打到今天都很不容易，都需要被看见和被尊重——**所有无意识层面的东西都有被看见和被尊重的诉求。**前文案例中的牛女士，降低姿态看见并接纳了丈夫的家族，同时也得到了丈夫家族的接纳和加持。婚姻不是两个个体的事，是两个家族的融合。家族能量融合的前提是被看见、被接纳。

与同僚相处的三大锦囊

亲密关系中的多数原则也可以运用到同僚关系的经营中，但同僚关系也有其自身的特点。具体而言，同僚关系是属于工作圈的人际关系，彼此相处的目的是实现组织目标，创造客户价值。组织是功利性和社会性兼具的一种存在，也决定了同僚共事的原则：合作创造价值，彼此助力共同修身。既是同事，也是持续成长的同伴。这里送大家三个与同僚相处的锦囊。

■ 高格局：把握第一性原理

组织是一个系统，不同部门又是系统的子系统，同僚又分属于不同子系统。凡是系统都有其使命和目标。同僚既然属于同一系统的不同部分，组织的使命和目标就是同僚关系的纲领，也是化解同僚冲突的原则。我曾经面试过一位销售副总裁，他分享了一段自己的经历。

他刚入职的时候，被分配了一个满意度很低但知名度很高的大客户。他深知客户很有潜力，但对他们公司很不满意。他就每天在客户现场上班，唯一的事情就是征集客户的问题。返回单位又协调各个部门解决问题，找服务、找研发甚至不惜找总裁，背地里大家都给他起了一个绰号——“麻烦制造者”。经过半年的不懈努力，客户的问题解决了，公司重新赢得了客户的信任。后来又赢得了很多生意。他分享说：“我在公司很霸道但从不乱来，永远为客户着想，以公司利益为重。”

这位销售副总裁道出了职场的第一性原理：永远为客户着想，以组织利益为重。在同僚关系中，谁能真正为客户着想，以组织利益为重，谁就更有话语权。

■ 低姿态：保持谦虚

有的人把握住了第一性原理却未必能处理好同僚关系。有的人外携客户、内仗领导，试图控制同僚，这种高高在上的姿态终究会让他们处处碰壁。

大客户销售小李有个大单，但需要一笔数目不小的垫资，只好去找公司预算部协调。小李一上来就强势地说："该客户可是战略大客户，这个项目也是老板亲自抓的，事关公司全年任务的完成情况，你要想办法解决资金缺口问题。"他强势的姿态激活了预算部刘总的内在狗熊："你以为预算部是提款机呀？突然的资金需求我可没办法解决，你找老板去。"被怼回来的小李怒气冲冲地找他的领导告状。一旁的同事小周主动请缨，说："我跟预算部刘总还比较熟，我明天再试试去。"

小周第二天笑嘻嘻地去找刘总："财神爷呀，有事相求呀。您若不出手相助，我都快活不下去了。"

刘总的重要性被看见了。他美滋滋地说："你就别捧我了。那个项目垫资的事我真办不了。"

小周说："就是因为难才找您帮忙呀。您专业水平高，人脉又广，这个项目又这么重要。没有您的支持，谁也搞不定。这时老板都没您这个财神爷好使。"

刘总说："如果垫资时间不长的话，有笔费用倒是可以暂用两三个月，不过这事儿你可得请示老板。剩下部分……"

小周高兴地说："那我再去找老板说。"

小周带着解决方案回来后，小李很不服气，说小周就是情商高，老刘是针对自己。小周说："无论你的地位多高，事情多重要对别人都要保持低姿态。高姿态的命令，迎来的只能是抵抗。低姿态的请求才能赢得资源和支持。预算部处在后台，他们的贡献更需要被看见，价值更需要被认同。你盛气凌人，他的专业就是用来对付你的；你诚恳请求，他的专业就是来支持你的。你的状态决定了他的专业是障碍还是资源。"

各位同僚都是为了组织的大目标而在不同的赛道上努力，各务其事，各司其职。人人都需要被看见和被认同，只有看到同僚的价值和贡献，低姿态地请求其帮忙，才能获得支持。《易经》谦卦九三爻说："劳谦，君子有终，吉。"劳谦，就是劳苦功高却仍能保持谦虚。能人所不能，容人所不容，忍人所不忍，禄在其中矣。切记，职场中最大的忌讳是诋毁别人的专业和抹杀别人的价值！

■ 广人脉：主动成为别人的贵人

情感在人际关系中扮演着很重要的角色。情感账户富足，难事也好办；情感账户透支，易事也难办。

我认识一位看上去有点木讷，办事能力却极强的职业经理人。他说："我这个人命好，每次遇到困难总有贵人相助。"我问他有没有心得。他说："结交贵人的秘法就是：主动成为别人的贵人。人和人之间都有一个情感账户，光认识没用，必须主动为情感账户储值。但行好事，莫问前程。没准哪一天哪个账户就起作用了。"后来他单干了，说："我的商业模式就是扳道岔模式。认识的人多而且他们都给我面子，我就帮他们相互撮合，扳个道岔让他们接轨，顺便挣点茶叶钱就好。"

我经常说，所谓的"对事不对人"，其实是情感账户余额不足的措辞。但行好事，莫问前程，主动地去帮同僚的忙，为情感账户储值，在关键时刻才能赢得贵人相助。职场中最大的忌讳是在工作上过于耿直、较真而得罪人。

第六章

以终为始，以身作则：下序位关系的经营策略

▲

人类一代一代地进化到今天。上一代总说下一代是垮掉的一代，垮掉却也从未发生。下一代总说上一代太过陈旧，却不自觉地活成了他们的样子。海灵格说："愧疚感伴随着成长的全过程。"孩子要活出自己，对家族传统的"背叛"不可避免。假如孩子做个完全听话的乖宝宝，又意味着辜负了新一代人的使命。在继承和发展之间需要有一个弹性空间，下一代既不能成为上一代模式的翻版，也不能完全丢掉传统。

孩子是父母的陪练

■ 以终为始：一切为了早日独立

孩子与父母的关系注定是渐行渐远的关系。听上去有点残酷，但却是事实。孩子迟早要脱离原生家庭开启他的人生。当孩子考上大学去另一个城市生活的时候，如果父母还操心孩子的袜子怎么洗，就说明孩子并没有独立生活的能力。父母对孩子的所有教导行为都要用“有不有利于独立”来衡量。

遗憾的是，不独立的父母很难培养出独立的孩子。不独立的父母对孩子抱有不合理的预期，在孩子的教育上附加了太多条件，想借助孩子实现自己的梦想，导致孩子更难独立。表面亲密的关系未必是良性关系，也可能是双方都不独立的依赖共生关系。

再可爱的孩子也要经历风雨，要在摸爬滚打中逐渐长大。有句谚语这样说：“无论你爷爷有多高，你都得亲自长高。”成长过程中，父母为孩子承担得越多，孩子历练的机会就越少；父母给孩子的条件越优渥，孩子越可能变得闯劲不足。换个角度看，承担也是一种剥夺，保护也是一种限制，资源也是一种障碍。古人云：“大爱近乎无情。”稻盛和夫曾经断然拒绝朋友父亲的借钱请求，他说：“伯父，我把钱借给您，会害了您。也许我还不了解您现在困难到什么程度，但我还是不能答应您。您需要挺身面对您现在面临的苦难，必须自己担得住才行。”每个人都应该用自己的方式振作起来，外力的介入常常会剥夺一个人自主振作的机会。

能够做好自己的人，在任何关系中都能最大限度地表现出内在和谐和外在独立。自己独立是根本，不再依赖别人，不再讨好别人，不再当拯救者，不再压抑自己……关系中有一方独立，就能带动另一方独立。内在和谐、外在独立的人在哪里都是做人的榜样，都会影响身边的人走向内在和谐、外在独立。

孩子考验父母的修为

为什么说孩子会考验父母的修为？很多人有过被孩子整到崩溃的经历。“不辅导作业时父慈子孝，一辅导作业就鸡飞狗跳”，父母的本意是教孩子长大成人，却屡屡被孩子拖到小孩态。成年人的内在狗熊一旦炸毛，亲子关系瞬间会演变为一个大小孩在欺负一个小小孩。大小孩身上还有三张王牌：其一，我是你的监护人，“欺负”你是合理的；其二，我力量比你大；其三，我还有强硬的理由——这都是为了你好。父母应该感谢孩子，他们的表现激活了你童年的创伤情结，给你提供了疗愈创伤的机会。

成年人管教孩子，其实都是在同时管教两个孩子：一个是眼前的孩子，另一个是童年的自己。成年人应该把与孩子之间的关系转变为三方的关系：成年的自己、童年的自己和眼前的孩子。这样孩子还可以是童年的自己的玩伴儿。有位85后爸爸，喜欢给孩子买各种很昂贵的玩具。我好奇地问他原因。他说：“其实男人都是大男孩，这些玩具不光是给孩子买的，我也顺便玩玩，以弥补童年没玩过的缺憾。一个玩具两人玩，均摊下来也就不觉得贵了。”

孩子的表现能让你看见童年的自己，触碰到童年的创伤。教导孩子的过程也是教导童年自己的过程。每次孩子惹你不高兴，都是一次对你童年创伤的免费诊断。你要放下高高在上的姿态，转而借此机会向内看，连接童年的自己，直面隐藏在潜意识深处的创伤，把管教孩子的过程演变成与孩子双向奔赴的陪伴成长的过程。其实孩子是你的老师，一直在用别样的方式帮你成长。

亲子关系和亲密关系一样，本质上都是陪伴成长、协同进化的关系。每个人都有三次长大的机会，第一次是自己的童年，第二次是婚姻，第三次是做父母。

跟孩子相处的能力与领导力也有共通之处，你的下属不过是别人家的孩子。我不相信一个与自己孩子都相处不好的人会有很强的领导力。如果一位老总在工作中雷厉风行，却拿自己处于青春期的孩子毫无办法，那就要反思：工作中的影响力其实是岗位赋予的，并非领导力所致。自身拥有领导力的人，管教孩子的能力也会很强。在我眼里，当领导、当老师、当销售……并没有太大区别，干的都是有效影响他人的工作。

用五步法改善父子关系

下面介绍五步法在改善亲子关系中的应用，以我的一个学生作为案例来分析，也期待大家在这个案例中，明确五步法是如何发挥作用的。

某高管在外地任职，跟妻子和孩子长期两地分居，只有节假日才能回家。孩子已经读初中了，俨然一个大男孩。某年国庆节长假，他难得与家人团聚。孩子也很高兴能与爸爸一起吃喝玩乐，每个人都很开心。

开心之余，爸爸老惦记孩子的作业。孩子有拖延症，总是今天推到明天，明天推到后天。假期头几天爸爸也没在意，不觉过去三天了，孩子的作业还是一个字没写。爸爸就着急了，夺下孩子的手机，敦促其写作业。尽管孩子憋在房间里，却没心思写作业，写了没多少就又借故玩游戏。爸爸看在眼里，气在心里，有几次想发作又忍了回去，念及孩子已经长大，自己又不常回家，就对孩子好一点，兴许后几天孩子会抓紧写作业的。直到假期的最后两天，孩子的作业依然没啥进展，倒像要抓住最后两天假期的尾巴变本加厉地玩游戏。这个表现与爸爸心中的期待简直是云泥之别。到了10月7日中午，爸爸终于忍无可忍了，把孩子暴揍一顿。那股气上来压抑不住，好像不把孩子揍一顿就不能安心上飞机似的。坐到飞机上，他心中却升起无限的愧疚和自责。突然意识到他和孩子一直在重复这种模式，总是欢笑相迎，也总是以冲突收场。

我们如何用五步法去改善这段亲子关系呢？

第一步，看见自己。这位父亲要在看见自己的功课上下功夫。一方面，他的内心很爱孩子，因为聚少离多，也不忍心打骂孩子。但他性格深处那种处理情绪的模式是被动压抑式的，对负面情绪采取的是隐忍压抑的应对方式，这种方式一直在暗耗他的意志力；意志力一旦耗尽，他就会爆发。被动压抑的本质是忽略自己内在狗熊的感受，根源还是对自己内在狗熊的诉求没有觉察。孩子做作业的拖延让他没有安全感，心中的期望得不到满足，教导屡屡无效又使他缺乏效能感，进而发展成归属感缺失。被动压抑型性格的人总会生闷气，遇到不快一般会先选择隐忍，导致负面情绪一直在潜意识层面积累，到了实在忍无可忍的时候，就会借题发挥，一股脑宣泄出来。前文讲过对内在狗熊要“不放纵，不压抑，及时看见，有限满足”，作为家长，在临爆发的那一刻，务必用仅存的一点理性问自己一个问题：我的发飙到底是孩子成长的需要，还是自己发泄情绪的需要？如果是后者，就果断收手，不要以管教孩子之名行伤害孩子之实。

第二步，看见别人。要看到孩子的不容易。成长过程中的父爱缺失本该在假期中得到补偿，孩子得到的却是意外的伤害。孩子平时学习成绩也还说得过去，国庆节长假放松一下也在情理之中。所有的孩子都贪玩，面对作业都有拖延倾向，自家孩子的表现并没有离谱到哪里去。孩子天生贪玩的需求需要被满足，孩子更想沉浸在父爱母爱双全的环境中放飞自我，甚至想用更放纵的方式检验父爱的深厚程度。爸爸的暴揍把孩子的满足感、归属感、效能感打碎了一地。

第三步，制订策略。爸爸首先要结束打孩子的坏习惯，任何人都没有理由放纵自己的内在狗熊，被暴力对待的孩子，长大了也会用暴力对待别人。爸爸要郑重地给孩子道歉，让孩子受委屈的内在狗熊有机会申诉，及时把压抑的委屈释放出来，否则容易积累成为创伤。其次，爸爸要学会及时看见自己的内在狗熊，及时表达自己的感受，对负面情绪要日清日结，这是他要花大工夫改变的低效能模式。最后，也可以尝试让孩子逐渐学习觉察别人的情绪，要学会察言观色。爸爸决定给儿子一个授权，只要儿子说“请管住你的内在狗熊”时，父子双方马上“物理隔离”。

第四步，主动改变。事后不到一个月，这位高管爸爸回家给儿子道歉，把此次冲突定性为父亲用不当的方式将自己的内在不和谐转移给了儿子。给孩子道歉是该家庭非常有意义的事件。其一，这体现了父亲对孩子人格的尊重。其二，父亲以身作则地示范了主动为自己的错误承担责任。孩子的内在狗熊被看见了，也哭着诉说了他的委屈。爸爸坦诚地承认是他身上那种被动压抑的情绪处理模式需要改变。父子双方形成了改变契约，父亲承诺再也不打孩子，孩子承诺把学习成绩提上去让父母放心，父子互相监督。此后，爸爸尝试像对待成年人那样与孩子相处，孩子也真的长大了，更懂事了。双方关系逐渐朝着各自和谐、彼此独立、相互滋养的良性方向发展。

第五步，持续迭代。经过多次良性沟通之后，这个家庭逐渐发展出坦诚沟通的模式，尤其是彼此及时表达负面感受的氛围。亲子关系在动态平衡中持续向好。如果重大冲突能促使双方进入双向奔赴的良性迭代轨道，冲突反倒是一件好事。

这个案例的重点在于这位父亲要看见自己的被动压抑模式，学会看见自己的内在狗熊，及时表达情感。

亲子关系的五大经营策略

■ 爱在教先：爱是家庭教育的底色

前文在讲心理资本概念的时候提到：人们可以通过对人生碎片进行重新剪辑来重塑童年。在教养孩子的时候，父母则可以通过仪式感向孩子心灵中植入一些具有温情时刻和高光时刻的印象碎片。人生中的关键时刻是那些灵魂被触动的时刻。这些灵魂被触动的时刻必将成为孩子一生的精神财富，是他未来战胜现实困难的心理资本。

《高效能人士的七个习惯》的作者史蒂芬·柯维，有一次要参加一个重要的研讨会，但是这一天又恰好是女儿的生日，他和女儿约好了在研讨会结束后，带着女儿去过一个浪漫的生日。研讨会结束后，当他带着女儿准备离开时，刚好碰到了他多年未见的好朋友。他和朋友见面，非常高兴，这位朋友盛情邀请他一起共享晚宴，而且还说有重要的商业项目要和柯维谈谈。柯维在这种情况下该如何选择呢？是继续遵守和女儿的约定，还是选择和朋友聚餐？

柯维的回答是："见到多年未见的朋友，我真的非常非常高兴，也非常想和你一起欢聚。可是，今天我早已经答应了我的女儿，研讨会后的时间都是她的。所以非常抱歉，不如我们约一个合适的时间再细谈，如何？"朋友欣然同意。

这件事对柯维的女儿影响重大，因为女儿在旁边目睹了整个过程。他女儿后来回忆道："那一刻，我清晰地知道自己在爸爸的心里排在第几位，什么都阻挡不了爸爸的对她的爱。"

对那些总找客观原因，总是说没有足够时间陪伴孩子的父母而言，一定要用陪伴的质量来弥补数量的损失。跟孩子相处时要全情投入，尽可能把仪式感做满，让孩子印象深刻。我经常讲，不以爱为底色的教育都是伤害。家庭教育的重心是情感教育，是给孩子留下足够多的温情记忆和感动碎片。一个人曾经被温暖的方式感动过、激励过，长大后就会用同样的方式感动、激励别人。

塑造孩子人格的关键是要让其对真善美有体验感，能够感受到真善美就在身边，就在生活中，在关键时刻，心中的真善美会冒出来发挥作用。若一个人的精神没有得到长期的滋养，灵魂没有得到长期的洗礼，胸中缺乏浩然正气，很容易唯利是图，没有底线。

■ 接纳允许：给空间比给资源重要

在教育孩子方面，给孩子各种资源、提供便利条件的父母很多，而能够意识到给孩子提供空间、创造历练机会的父母却少之又少。在孩子面前过于强势、替孩子做得太多就是在无情地剥夺孩子的成长空间。老话讲富不过三代。因为这一代太强就有可能遮了下一代的光芒，剥夺了下一代的历练机会。几乎所有人都懂得要给孩子创造良好的条件，但很少有人会意识到要给孩子提供历练的机会。因此，教养孩子既要给他支持帮他建立自信，又要给他空间让他走向独立。

有位爸爸为了孩子的成长，他自学了各种教练课程，使用各种方法激发女儿的斗志、激励女儿学习，可使尽了蛮力却效果一般。在女儿16岁生日的时候，女儿向老爸告白：“老爸，我看你过得实在是太辛苦了。为了激励和培养我，你又是学教练技术，又是学心理治疗，有时候我也很心疼你。”听女儿这么一说，老爸的眼泪都快掉下来了。反问道：“你既然意识到了老爸的良苦用心，你为什么不照做呢？”孩子委屈地说：“我有时也想陪你演戏，装成你想看到的样子。可转念又想，如果装成你心目中的乖宝宝，我不就没有自己了吗？我很心疼你，却也不能用我的青春年华当你价值观念的试验品呀！我感谢你给了我那么多鼓励，可我更想有自己的空间，活出真正属于自己的一生。”孩子的这番话让他意识到孩子有更高的智慧，真正爱她就给她空间，让她成为理想的自己。

父母要允许、接纳孩子跟自己不一样，不要以自己为尺来衡量孩子。也许孩子表现出来的样子恰恰是父母潜意识中羡慕的样子，孩子活出了父母因种种原因没机会活成的样子。反叛是另类的继承，孩子的反叛也许正是父母潜意识里的渴望。孩子活成父母人生的翻版是一种悲哀，但孩子也不能活得完全不像父母，恰到好处地继承和发展才符合进化规律。我见过一位睿智的父亲整天向孩子请教问题，甚至生意上的事情也要问问孩子怎么办。只要孩子参与讨论，他就有机会给孩子激励和辅导。父母善于示弱，孩子就能变强；父母善于“装傻”，孩子就会更独立。

■ 顺势而为：把握孩子心理发展的规律

有位80后老板非常苦恼地问我：“为什么我很难跟我的员工打成一片？”我观察了他几分钟后，说：“看得出你是个早熟的人。”他反问道：“你是怎么看出来的？我是留守儿童，从小父母就在外打工，外婆把我养大。12岁就自己谋生了。”我说：“人的成长自有规律，各年龄段都有必然的表现。比如，在淘气的年龄没有淘够的话，长大后面对现实的压力就缺乏弹性；青春期没有叛逆够的话，长大后就缺乏决断力。儿童期没淘够的人会在七八十岁时补课，青春期没叛逆够的人会在四五十岁时补课。童年没玩够、青春期没叛逆够的人长大很容易变得无趣。”

人在不同年龄段会表现出不同的特征。不懂发展规律却只知一味强势的家长会野蛮地把孩子的发展特征当成病去治疗。七八岁淘气就是人的天性，青春期叛逆也是人的天性，家庭教育一定要把握孩子发展的规律，顺势而为。有父母说被青春期的孩子怼得很伤心。我倒以为多数尴尬都是父母自找的，明知道青春期的孩子叛逆严重，却还要用不恰当的言行刺激他。智慧的父母遇到青春期的孩子第一次激烈的对抗时，等双方恢复冷静后会这样给孩子讲：“你有力量和智慧与我对抗，这是你成长的标志，值得庆贺。鉴于你已经接近成年人，我以后就用对待成年人的方式与你相处。给你足够的自由决策空间，你也必须能像成年人那样为自己的行为负责。难以决断时可以邀请我当你的顾问。”

孩子的发展阶段不同，父母的管教方式也应该不同。人生是一场经历，让孩子充分体验每个年龄段所应该体验的经历，人生才更加完整。

以身作则：身教远大于言传

世界上最苍白的教育是自己不改变的油腻父母教孩子改变。整天跟孩子说：“你可要好好学习，不好好学习长大了就像我这样没出息。”把孩子说急了，回怼道：“老爸呀，人这辈子要想有出息，什么时候都不嫌晚。你看人家四五十岁创业的人大有人在，你但凡要是有出息的话，我早都成了富二代了，还用得着这么苦吗?”油腻的父母教不出有闯劲的孩子。在孩子的学习上用力过猛是父母对自己人生感到失望的体现。

父母不能光用语言教导孩子，更应该用行动影响孩子。要把自己的人生活成值得孩子模仿的样板，用自己生命的精彩绽放向孩子示范，孩子也可以活出生命的精彩。身教与言传相比，身教远大于言传。现代人都长寿，人生没有太晚的开始。你想让孩子养成阅读习惯，从现在开始，自己就坚持每天晚上读书。苏霍姆林斯基讲过一位父亲言传身教地影响几个孩子的故事，颇为感人。

夏日的拂晓，因为照料孩子十分劳累的妻子玛丽娅还在熟睡，孩子们也都还在梦中。尼古拉·菲利波维奇轻轻起床，到花园里剪下一支玫瑰，拿回卧室插进妻子床头的木制花瓶里。这个花瓶是他在婚后的第一年用了好几个月的时间雕制成的，现在它静静地立在桌上，像一片竖起的槭树叶。玛丽娅似睡非睡，朦胧中听到丈夫小心翼翼的脚步声，枕旁的玫瑰香气扑鼻……她再也不能入睡，幸福地闭着眼睛，再躺上半个小时。

几十年里，尼古拉·菲利波维奇天天如此。他盖了一个小温室专门用来养花。无论是严寒的冬季，还是偶有坏天气的秋天，或是寒气未退的早春，他都早早来到这里，剪下一支新鲜玫瑰送给妻子。孩子们一个接一个地长大。长大的孩子每天和父亲一起早早起床。于是，花瓶里就有了两支鲜花，然后是三支、四支，一直到七支……

尼古拉·菲利波维奇去世了，孩子们也飞向了四面八方，只剩下玛丽娅还生活在第聂伯河边的那个镇子里。儿女们无论工作在多么遥远的地方，每到母亲生日，他们都会飞回她的身旁。于是，木制花瓶里又有了七支红得耀眼的玫瑰——六支是孩子们送的，而另一支，是孩子们替父亲送的……玛丽娅不愿到任何一个孩子那里定居，因为如果把这个特权给了一个孩子，她就会“得罪”其他五个孩子。

保持觉察：非理性，不施教

十多年前曾应邀去朋友家蹭饭。一进门，赶上他妻子正在训斥孩子：“看你都堕落成什么样了，上周的数学测验又不及格吧？作文又没按时交吧？我这么大的人了，为了你的学习每周都被老师叫去替你挨训。我怎么会生出你这么个不争气的东西。”客人进门了，这位妈妈也不好意思骂了，打个照面就去厨房忙去了。小男孩十岁不到的样子，见妈妈走了，就一点点地从蜷缩状态舒展开来，恢复了孩子的活泼天性。我就问孩子：“刚才你妈妈批评你的那些话，你都听进去了吗？”你猜孩子怎么说？孩子说：“叔叔，你不知道，我妈妈有间歇性神经病，她过一段时间就要发飙。我慢慢都摸索出经验来了，当我妈妈发飙时，我就配合一下，把眼睛、耳朵和心都关上，就像暴风雨来了在屋檐下躲着一样。其实我妈妈的心很好，她每回发完飙之后，还给我做红烧肉吃。”结果中午吃饭果然有一盘红烧肉。

我在课堂上经常把这个故事讲给那些爱冲下属发脾气的领导听，还说：“你如果也常冲下属发脾气，知道下属们在一起喝酒撸串的时候怎么评价你吗？他们也会说：‘咱们领导有间歇性神经病，过一段时间就要发飙。他发飙的时候大家都配合一下，都装作没听见。其实他这人挺好的，发完飙还会给我们发补贴。'”

父母心中那股暗火每每升起的时候，在准备向孩子发作之前，要用仅存的一点理性问自己：“我这么做，到底是自己发泄情绪的需要，还是孩子成长的需要？”如果是前者，就立即把自己与孩子物理隔离，进入自我教练流程，开启自己与自己的对话。不要回避自己的问题，不要让孩子成为你性格缺陷的牺牲品。

很多人内心深处的最大创伤是父母给的。存在主义治疗大师欧文·亚隆坦言：“与母亲的关系是一辈子的伤痛。”以至于妈妈去世多年以后，他还时常在梦里见到那个渴望妈妈认可的小男孩向妈妈大喊：“妈妈，我表现得怎么样？”他在八十多岁时写了一本书叫《妈妈及生命的意义》，揭示了母爱对孩子生命的意义，帮天下父母看见其言行对孩子心灵的影响。父母一定要注意自己的言行对孩子心灵产生的影响。假如孩子认同了父母的批评，就会自我攻击，自暴自弃。假如孩子不认同父母的批评，则会形成潜意识深处的反叛情结。父母对孩子认可与批评对孩子幼小心灵的影响十倍于外人的影响。孩子幼小而纯真的心灵不会怪罪父母，只会自我否定，无意识地把父母的批评刻在骨髓里。

比学习成绩更重要的东西

不少家庭把目标定位为让孩子好好学习，将来考个好大学。考大学其实只是实现人生重要目标的手段，并非目标本身。更何况，考大学考核的只是一个人的智力水平，而决定人生成功与幸福的能力远不止智力水平，还有更多远比学习成绩重要，却被严重忽视了的能力。

志向：知止而后有定

每一个生命都是带着特殊使命来到这个世界上的，如陶行知先生说："人生为一大事来，做一大事去。"找到自己生命的最高目标是最幸福的，有人说人有两个生日，一个是来到这个世界的那一天，另一个就是找到最高目标的那一天。找到最高目标的那一天起，新的生命历程就开始了。生命的意义和价值体现为个体对社会的贡献和对他人的价值，因为成功可以自己说了算，伟大却需要得到他人和社会的认可。遗憾的是，不是所有人都能拥有第二个生日。

想要找到人生的使命并非易事。父母应不断启发、引导孩子探索他的人生使命，早立大志。阳明先生在"立志、勤学、改过、责善"四规矩中，首推立志，且说"志不立，天下无可成之事"，可见阳明先生对立志的看重。人生苦短，只有把自己的所有能量和才华全身心地投入到某个领域，几十年如一日地坚持，此生才会有一点作为。越早找到人生使命的人，越容易取得成功。稻盛和夫说："只要你知道想要去哪里，整个世界都会为你让路。"他也是找到了最高目标的人。知道此生为何而来的人，更容易力出一孔，积极淡定地奔赴目标，更少受环境的影响。

■ 人际能力：尊重别人且活出自己

人际能力是伴随终生的素质技能。在人际交往中既关注对方的感受，又坚持自己的原则，发展内在和谐、彼此独立又相互滋养的良性关系，对每个人来讲都是值得终生发展的核心技能，也是本书要探讨的问题。

人际能力的提升主要依靠向内求——主动疗愈自己缺爱的内在小孩，活出独立的自己，学会跟自己相处。人只有学会自己爱自己，自己看见自己，才能在人际关系中保持最大限度的独立。此外，人际能力的提升需要学会洞察人性，即透过别人的表面看见其内心。人人都渴望被看见、被理解和被尊重。只有看见自己又看见别人，才有可能建构出双赢的第三选择，进而创造性地整合资源和解决问题。

■ 解决问题的能力：公式比答案重要

解决问题的能力是面向未来的重要能力。我们可以把人生理解为一个接一个地解决问题的过程。问题像韭菜一样一茬一茬地涌现。用属于自己的一套方法去解决不同的问题的能力至关重要。解决问题的能力被我称为组织的元能力，是核心中的核心。

解决问题所用的公式比结果还重要。更值得我们思考的是，用什么样的策略方法、流程框架去逼近我们要找的答案。解决问题的能力才是生存能力，学富五车，不能解决实际问题也白搭。未来的世界是变化的，没有人能预知未来会变成什么样子，但手上有了解决问题的方法论，则能够以不变应万变。

■ 学习能力：最宝贵的软实力

学习能力是一个人最宝贵的软实力。我们经常看到身边一些学习能力强的人，不管做什么都能做得有声有色。学习能力包括向书本学习的理论学习能力，向人学习的社会化学习能力以及在实战中总结的经验学习能力。人工智能大大加速了知识的贬值，未来没有人可以靠存量的知识生存，必须靠不断迭代的学习能力跟上时代的发展。

在学习能力中，尤为重要的是在挫折和批判中学习的能力。生活中难免遇到挫折和批判，但是每个人的内在如何对待挫折和批判，却是因人而异。人性的本能是在遇到挫折后气馁，遇到批判后反驳和对抗。我认为，反驳是本能，反思才是学习。凡是高手，他们都能够做到在挫折和批判中学习。

■ 习惯：成功源自优势的持续积累

斯科特·考夫曼在《绝非天赋》中说："伟大不是天生的，它需要时间来发展。关键是基因和环境初始的微弱优势如何导致个体自主选择与其自身最佳匹配的环境，以及环境又如何反过来强化或抑制这些优势。"人和人之间，天生的差异并不大，造成重大差异的不过是好习惯的积累罢了。

奥维德说：“没有什么比习惯的力量更强大。”习惯是思想与行为的真正领导者。我们每天高达 90% 的行为是出于习惯。如果我们做每件事都要靠大脑有意识地完成，我们将永远无法在早上起床。习惯之所以会出现，是因为大脑一直尝试用更加省劲儿的方式活着，习惯让我们变得减少思考的时间，简化了行动的步骤，让我们变得更有效率。这种省力的本能是一大优势。

成功源自优势的持续积累，而这种持续积累离不开好习惯。卖油翁让油穿过钱孔而不沾的功夫是长时间练习的结果，习惯都是通过大量的刻意练习后由潜意识自动完成的。好习惯不仅能够大大提升做事效率，而且有极好的积累效应。

亲子关系中的四大禁忌

亲子关系中也有很多禁忌。不小心犯忌会产生难以承受的后果。

■ 不野蛮粗暴：不以教养的名义动粗

孩子是弱势群体，很容易被粗鲁的父母当作出气筒。人们通过对灵长类动物进行观察研究发现，当个体受到欺负、感到压力的时候，它体内的糖皮质激素的水平就会上升，能让它心跳加快、血压升高，能把能量迅速输送到四肢，进入“战斗—逃跑”状态。受欺负的个体降低体内糖皮质激素的最好方法是欺负更弱势的个体。这就是著名的踢猫效应。一位父亲在公司里受到了老板的批评，回到家后就把在沙发上跳来跳去的孩子骂了一顿。孩子心里窝火，就去踢了在身边打滚的猫一脚。人的负面情绪会沿着由强到弱的链条依次传递，由金字塔顶层一直扩散到底层，无处发泄的最弱小的那一方会成为最终的受害者。

从小缺爱、常常处在惊恐状态下的孩子，浑身的细胞浸泡在了糖皮质激素中。糖皮质激素会损害孩子的认知能力、互动能力、自控能力和感受他人情绪的能力，妨碍额叶皮质的成长，而且可能损害负责记忆和学习的海马体。反过来，孩子脑内负责感受压力、恐惧、愤怒和暴力的杏仁核则非常发达。哪怕是压力事件已经消失了，他们也需要很长的时间才能恢复。如果感受压力的时间过长，影响还可能是永久的。

童年的逆境还会损害多巴胺系统，让人长大以后也会更容易对酒精上瘾，对药物形成依赖，而且容易患上抑郁症。如果童年时代目睹过严重暴力事件，孩子的症状会和自身受到虐待很相似，而且将来也容易参与暴力。如果是在学校总被同学欺负或者总爱欺负别的同学，孩子长大后的精神状况也会有问题。

父母没有资格以教养的名义对孩子动粗。一个人小时候被怎么对待，长大后就会用同样的方式对待别人。从小被野蛮粗暴管教的孩子，长大后就会成为野蛮粗暴的人。有位父亲在他的原生家庭习得了错误的信念，认为男儿有泪不轻弹。他管教儿子与管教女儿的方式大相径庭，对女儿很温柔，对儿子却很粗暴，动辄打骂，还不准孩子哭，否则会更严厉。后来他开始反思管教方式对孩子的影响，很后悔对儿子动粗。倘若你已经对未成年的孩子动过粗，一定要郑重地向他道歉。父母给孩子道歉并不丢人。相反，一方面可以以身作则地给孩子示范什么叫勇于承担责任，另一方面可以及时释放孩子内心深处的情感郁结。

保尔·柯察金说："人最宝贵的是生命，生命对于每人只有一次。人的一生应该这样度过：当回忆往事的时候，他不会因虚度年华而悔恨，也不会因碌碌无为而羞愧。"把保尔的话稍加改造，用在教养孩子上也特别好："在教养孩子上，父母应该努力做到：回首往事时，不因未能尽责而愧疚，不因野蛮粗暴而自责！"

■ 不过度压抑：绽放是每个人的权利

我在课堂上最同情的就是那些把自己收得很紧的学生，干什么事都缩头缩脑。一看就知道父母对其管教太严，生命能量被压抑了。

一次课堂汇报，某学生怯生生地不敢站到讲台中央。我让她往中间走，她依然在黑板的一边小声汇报。我就知道她有一个家教严苛的原生家庭。等她汇报完，我点评说："你的父母给了你生命，同时却用严苛管教的方式禁锢了你，使你在任何场合都自我束缚，不敢绽放。今天来到我的课堂，我给你松绑。从今以后，请你记住：你永远值得站在C位！绽放是你的权利，更是你的义务。"

处在花季的孩子，热情奔放是本然表现。用孩子的话说就是，"妈，我不是贪玩，而是处在玩的年龄。"对孩子管束过度的两种后果都很严重。第一，习得性无助。研究发现，被多次电击反抗无果的狗会彻底“躺平”，马丁·赛利格曼教授把这种现象称为习得性无助。性格弱势的孩子被过度管束后就会丧失自信，精神“躺平”。第二，“无厘头”反抗。个性强的孩子小时候被父母过度管束，到青春期会发展出“无厘头”反抗的模式。即不加分辨地叛逆，凡是父母说的都是错的，甚至不惜自毁前途地与父母赌气。

有两种内在不独立的父母容易对孩子管束太严。一种是严重缺乏安全感的父母，过度谨小慎微，自己不绽放还妨碍孩子绽放。我注意到，父母对孩子的管教中，其潜意识里有时会隐藏着一份嫉妒。另一种是完美型父母，跟自己“死磕”的同时，也以很高的标准要求孩子，表现就是管束太严。

不放任自流：不可或缺的情感培植与早期塑型

幼儿在与父母的互动中形成对父母的情感依赖，发展出情感力。情感力是一个人为情而动的能力。人性始于情感，情感丰富的人才更懂人性。人类生命初期被设计得无能无助，就是留给父母与孩子培养感情的窗口期。在早期养育过程中，父母与孩子之间的情感就是制约孩子动物性发作的紧箍咒。

生命早期与孩子建立的感情是父母的心理资本。年迈的父母可以靠这笔心理资本去降服孩子内心中身强力壮的狗熊。

孩子毕竟是孩子，无规矩不成方圆。《周易·系辞下》云：“小惩而大诫。”小的惩罚正是为了将来避免在大的事情上犯错误。当孩子的不良表现初露端倪时，就要“为之于未有，治之于未乱”。父母爱子女，必为之计深远。把孩子培养成人是父母的责任，放任自流的溺爱必将害人害己。

不情感绑架：不要让孩子掉入愧疚的泥潭

有些父母在养育孩子的过程中滥用情感资本。缺乏安全感的父母惯用诉苦的方式控制孩子，向孩子细数父母养子的巨大付出和不易，试图用孩子心中那份愧疚感迫使孩子听话。

一位妈妈复盘了她与儿子的一次激烈冲突。儿子高三的那一年，家里为了让儿子上下学少费周折，特意请专车接送儿子上下学。让妈妈失望的是，高三第一学期的期中考试，儿子各科成绩居然大幅下滑。妈妈决定找儿子谈话，想督促儿子好好学习。

妈妈：“儿子，我和你爸都是工薪阶层，收入也不高，每个月请专车接送你上下学，你却用这样的成绩回报我们？”

儿子：“你以为我爱坐专车上下学呀？从明天开始我自己坐公交车上下学。”第二天儿子坚决不再坐专车上学，母子俩闹了好长时间的不愉快。

妈妈的行为被儿子解读为“讨债”。一次考试失利就像欠了父母一笔债一样，把孩子拖入愧疚的泥潭，逼孩子自责。愧疚感会极大地降低人的能量，愧疚感被植入孩子的潜意识后，会使其一生都处在低能量的状态。父母不可以给了孩子生命，同时将愧疚感植入他的潜意识，使其又浪费生命。

孩子厌学是逐步演变而成的。先是因为没考好遭到老师和家长的联合打击；继而因为遭到打击而精神压力太大，不能全身心地投入学习；最后因为不能全身心地投入学习，导致成绩更差，最终发展到自暴自弃的地步。试想，处在这种恶性循环中的孩子，其情感需求应该由谁来满足？缺爱才是孩子自暴自弃的根本原因。打破这个恶性循环的唯一钥匙在家长手里，那就是给孩子无条件的爱，自己爱自己的孩子。学习再差也是亲生的！比瓷器还易碎的是孩子的心灵。比学习成绩更重要的是孩子的健康心理和积极状态。孩子幼小的心灵是敏感而脆弱的，家长首先要保证孩子的心灵健康发展，其次才是兼顾孩子的智力健康发展。

孩子抗压能力有限，在学校受到老师的打击之后，家长只能“梳毛”，让其幼小的心灵恢复平静。感受到被爱、被接纳的孩子才有能量反思不足，展望未来，制订改进计划。积极健康的心理状态是学习成绩提高的前提和保障，帮孩子调整状态远远比督促孩子学习重要。父母对孩子打击得次数多了，孩子就会下意识地远离家长，不再信任家长，变得沉默寡言。很多父母对孩子的爱不够纯粹，承载了很多自己的想法，附加了很多额外条件。

教出比自己优秀的孩子

一天中午，我的一位在某企业里任高管的学生忧心忡忡地向我求助，说他初二的儿子在学校捅了娄子。班主任通知他去学校解决，他没了主意，临去学校前向我请教。原来，他儿子在班主任的课上私下组装车模。班主任发现后将车模没收了，还当着全班同学的面说：“必须写书面检查，不深刻不返还车模。”这小子当下就说：“老师，车模我不要了，检查也不写。”把班主任气得不行。没想到，下午放学后，他竟偷偷溜到班主任的办公室，打开抽屉把车模偷了回来。班主任发现后问他是不是拿走了车模，这小子死不承认。班主任说偷东西可是品德问题，要是查出来后果就严重了。这小子迫于无奈才低头承认是他把车模拿走的。班主任彻底“炸毛”了：“马上通知家长，必须严肃处理。”

听完背景介绍，为了缓解他的焦虑情绪，我不假思索地说：“我几乎可以断定你生了一个很有出息的孩子，他将来比你有出息。你现在不具备管教他的能力，千万别把人才修理成庸才。”他说：“田老师，你就别挖苦我了，我已经快崩溃了。”我问他打算怎么办。他说：“还能怎么办？给老师低头认错，当着老师面批评孩子，再请求老师宽大处理。”我说：“错，不能这么干！你不懂孩子的行为，当务之急是读懂你的孩子。初二的孩子处在叛逆期。能当着班主任的面说车模不要了，这孩子有骨气。接着又用自己的方式把车模弄回来，这叫有手段。只是做法欠妥，应当正确引导。青春期的孩子正在摸索为人处事的边界，也许在他的心目中拿自己的东西不能叫偷。作为家长和老师，要告诉他为人处事的边界，但绝不能给十几岁的孩子贴上‘偷’的标签。谁给他贴标签谁就是孩子的仇人。最后，孩子能勇于承认是自己拿走车模的，说明他有担当，愿意为自己的行为负责任。就凭有骨气、有手段、有担当这三点，我就觉得孩子将来比你有出息。”

他的焦虑明显舒缓了，称自己心中大概有了主意。我喝了口茶，接着说："不要和班主任联合打击孩子幼小的心灵，这会给孩子的心灵造成不可挽回的创伤。你要站在孩子这一边，把我刚才看见的三点当着孩子和班主任的面讲出来。孩子自会感受到你对他的理解和呵护，班主任才会觉得这位家长像个高管。你必须向班主任说明你平时是如何支持他这种个性很强的孩子的，希望她配合。"

后来的事情进展很顺利。出人意料的是，班主任并没有为难孩子，还声称通过这件事她真正理解了因材施教的含义。并肩作战之后父子关系密切了很多，孩子变得像大人一样老跟他一起探讨为人处事的问题。

很多人生出高潜质的孩子却不会管教，把人才改造成庸才后还沾沾自喜。假如你果真生了一个超常孩子，那么，你管教得越多，效果就越差。超常孩子最容易被当成异类，所以渴望被家长看见、理解。案例中的初二男孩敢于硬气地面对班主任，又能用自己的方式把车模拿回，说明他不缺效能感。哪怕是迫于形势承认自己拿回了车模，也要看到孩子的担当，这都是很稀有的英雄特质。家长和老师要是能透过孩子的表现，哪怕是离谱的表现，捕捉到孩子身上独特的气质的话，就要像保护火种一样保护这些特质，如孟子讲的那样，要善于养这些浩然之气。教育是帮助每个人成为更好的他自己，而不是把孩子的特质都削平。

很多孩子都怕开家长会。因为家长会的当天晚上会接上家长的批评会。老师在家长会上点出孩子的不足时，不独立的家长会觉得没面子，甚至过度焦虑。老师是为了让家长采取措施共同促进孩子往好的方向转变。实际上，却常常演变成家长以教育的名义与老师联合打击孩子幼小的心灵。孩子的社交圈很简单，同时遭到老师和家长的打击，孩子的天瞬间就塌了。

作家路遥小时候家里很穷，全家十口人的生计完全要依靠父亲一人，导致家里经常揭不开锅。矮小而软弱的父亲不仅不能提供好的物质条件，也没能给路遥提供精神上的保护。路遥在外边挨了打之后，跑回家希望得到父亲的支持，但实际得到的却是被父亲再打一顿。路遥的成长经历让人不禁唏嘘，而这种与外力联合打击自家孩子的现象在今天仍比比皆是。

我曾经在小范围内调研过一些人生命中的至暗时刻。很多人给出了相似的答案：自己如何在外惹了祸，回家又受到父母的二次打击，瞬间感到天都要塌了。家，理应是爱的港湾，孩子在外受伤后，内心深处期待的是父母的安慰和疗愈，等来的却是父母无情的二次伤害，从而演变成内外联合的次生灾害。这种伤害一旦超出了孩子的承受能力，后果不堪设想。

与下属相处的四大策略

与亲子关系相通的是与下属的相处。作为领导，你的下属无非是别人家的孩子，与自家孩子相处融洽才有可能与别人家的孩子相处融洽。

先融入，再影响

领导与下属代沟太大似乎已经成了职场上的普遍现象。老子早已给出解决此类问题的答案：善用人者，为之下。影响一个人的前提是先能走进他的内心，否则连影响的机会都没有。

一天早上，销售副总裁刘姐在公司门口又一次堵住了迟到的业务员小王，这已经是他本周第三次迟到了。刘姐强压住一腔怒火问："咋又迟到了？你昨天是怎么承诺的？"小王还是那副嬉皮笑脸的模样，说："刘姐，不好意思，昨天晚上玩游戏太晚了，早上没听见闹铃。"本想破口大骂的刘姐转念一想：不能重复同样的行为却期待不同的结果，得换招。于是转怒为笑说："我们这些被时代淘汰的人都不会玩游戏。要不你教教我吧。"小王惊讶地问："真的假的？"刘姐说："反正已经晚了，你索性来我办公室一起玩吧，你教教我。"刘姐就认真跟下属小王玩起了游戏。因为她想进入下属的游戏世界，更了解他们，这样才会有共同语言。玩到中午的时候，刘姐已经进步很大了，这让小王很有成就感。刘姐决定请小王吃饭，小王受宠若惊。用餐过程中，刘姐就说了："要不咱俩结对子吧。业余时间你教我打游戏，工作时间我带你做销售，在业务与游戏两个赛道上咱都要做强者。"小王欣然同意。

在刘姐的带动下，小王的业务能力提升很快，也签了几个合同。小王有点飘飘然，又一次迟到。刘姐说："大家都知道你是我的徒弟，你迟到让我很没面子。"小王说："我保证以后绝不辜负领导的信任。"小王真的说到做到。刘姐惊讶地发现，处好和小王的关系后，全部门的关系也融洽了。她跟很多年轻同事都一起玩过游戏，深深地领悟到，只有走进他们的世界，才能找到影响他们的方式。

有意识培植无形资产

很多领导者管理团队时惯用胡萝卜加大棒的模式，信奉重赏之下，必有勇夫。物质激励存在两个问题：第一，边际效应递减。单位货币对员工的驱动力会逐渐下降，而且习以为常后，员工在潜意识里会把昨天的激励当成明天福利，认为一切都是应该的。第二，情感疏离。衡量做什么就会得到什么，过度的物质激励会培养出更多精致的利己主义者。只要竞争对手花高薪来挖，员工说走就走。

高效能领导善打感情牌，懂得往骨干员工的情感账户里储值，发自内心地认为与骨干员工之间的默契才是最宝贵的无形资产。

某员工向领导抱怨："这工作太难了，客户非常蛮横，内部流程又非常严格，资源又不到位，我都快崩溃了。"低情商领导会解读为员工这是在撂挑子，就怼了回去，导致员工离职使自己陷入更大的被动。高情商领导一眼就能识别出员工这番话其实是用抱怨包装起来的梳毛邀请，他的难处和努力需要被看见。这个领导可能会这样回应："这个项目的确不好做，我看到了你多方斡旋的艰难，多次看到你加班加点，非常用心也非常辛苦。看看我能帮你做点什么？"员工也许只是想让领导看见他的难处和努力。

员工更愿意跟懂他的领导共事。领导的信任、团队的默契以及友好的工作氛围其实都是无形资产。无形资产越丰厚，员工跳槽的意愿越低。团队并肩作战的奋斗岁月、挑战不可能后的高光瞬间、困难中相互补位的温情时刻共同构成了团队的心理资本。创造过奇迹的团队更容易创造新的奇迹，因为前一次创造奇迹的经历会馈赠给团队一笔丰厚的心理资本。

提供成长机会

很多领导以下属不够成熟为由，工作中事无巨细地躬身入局，无情地剥夺了下属的历练机会，回头来却抱怨下属成长太慢，难堪大任。不给下属决策的机会又怎么能培养出下属的决断力呢？不给下属授权，多是因为领导自己缺乏安全感，用事必亲躬的方式展示存在感和效能感。这样的领导要反思不授权的深层原因：到底是下属能力不够还是自己要展示存在感。管理中充斥着这样的矛盾：用机制把员工变庸俗，反过来抱怨员工庸俗；用强权剥夺了员工的历练机会，反过来抱怨员工不成长。

一位培训机构的老板很赞成我的领导力理念，打算在他的机构里推广我的课。向我说：“田老师能否配合一下我们的流程。我把你推给师资部经理，让她走正规的师资考察流程后，我做最后决策。”我心想：“你是老板，直接拍板不就得了，何必多此一举。”他似乎看出了我的疑虑，解释说：“按说我可以直接拍板，但这样做会让她感觉不舒服。咱们走一遍师资筛选流程，她先汇报，我再拍板，会让她更有参与感和成就感，重要的是以后我们合作起来也比较默契。”

这显然是一位善于为下属提供成长机会并让其有成就感的领导。领导的工作是整合团队力量完成既定目标，组织考核领导时看的是团队整体绩效。而躬身入局与员工抢戏的领导属于角色定位混乱，在领导岗位上干的却是员工的事。

■ 与下属共同学习

在时代飞速发展的今天，领导者要有意识地向下属学习。我经常讲：你的90后、00后下属不只是你的下属，换个角度看，他们也是时代的窗口，“老腊肉”领导要主动掀起一个“保鲜运动”，想办法与新生代的“小鲜肉”融为一体，这是“老腊肉保鲜”的最佳手段。

杰克·韦尔奇就非常善于用行动学习的方式与下属一起学习。作为董事长的他每两周都要去劳顿维尔上课，其实他没有那么多内容可讲，他把课堂当成了一个解决问题的场所，在课堂上，他抛出真实问题和学生互相探讨、互相启发。他说：“无论什么时候去劳顿维尔，我从来不发表演讲。我喜欢广泛的交流。学生们教给我的与我教给他们的一样多。我成了一个助推器，帮助所有人取长补短。我把我的想法带到每一节课堂上，通过我和他们的交流使这些想法变得更加丰富。我希望每一个人都能给我反馈和挑战。”

诺埃尔·蒂奇在《领导力循环》中提倡组织内部每个层级的“教导者”和“学习者”都要相互教导和学习，组织内形成一个良性的教导循环。这种良性的教导循环，能有效地把员工团结起来，并授权给他们，让他们分得清轻重缓急，然后及时有效地完成任务。领导首先要掌握的方法和技术就是行动学习，最好自己当催化师，带领员工一起闯天下。

第七章

状态不对，努力白费：关系在外，根在内

常有人问我："田老师，怎么跟那些负能量满满的人相处？"我说："你的问法就暴露了你的状态。你已经认定对方是负能量满满的人，当你接近他的时候，你的潜意识状态就会无情地出卖你。你会用对待负能量满满的人的姿态对待他，他自然会秒懂。他不表现出满满的负能量，都对不起你的姿态。"

状态决定一切

有人向我抱怨道："老师，你讲的这些道理我很认同，我也很想用五步法改善与弟弟的关系。可一想起我弟弟的脸，'新仇旧恨'就全翻腾出来了，我根本就不能理性思考。"还有人说："我按照五步法把流程走完了，可效果并不明显，彼此内心深处的隔阂依然很大。"这就引出了另一个要素：状态。我经常说："状态不对，套路白费。"改善关系不仅需要目标明确，还需要双方都处在正确的状态下，用正确的套路走正确的路径，才能逐步逼近想要的结果。目标、状态、方法缺一不可。

理性地看，屡战屡败和屡败屡战不过是对同一现状的不同描述。实际上屡败屡战背后是一种不服输、有气节的精神，屡战屡败反映的却是绝望和颓废。某家长开完家长会回来跟孩子沟通。开场就说："老师说你最近表现还是不错的，数学有提高，作文也有进步……"还没等家长说完，孩子就插话了："老爸，别绕弯子了。直接说'但是'吧。"孩子怎么知道老爸说的话后面还有"但是"呢？很简单，孩子嗅出了老爸的状态。他对孩子不满的那种状态，孩子早就嗅出来了。

■ 人生是一场考试

人生是一场考试。遇到称心如意的事好比考试中遇到送分题，而曲折艰难的事则好比考试中的难题。豁达的人无论遇到什么情况，都能想方设法活出生命的意义和自己的风格。苏东坡一辈子的遭遇非常坎坷，但无论走到哪里都能苦中作乐，活出了自己风格，留下了无数美谈。有时候我也在想，恰是悲情遭遇逼出了苏东坡一肚子的才情。电影《肖申克的救赎》里有句台词："有些鸟是关不住的"。那些高手，无论遇到什么境遇，永远有颗绽放的心，永远追寻心中的梦，总能反求诸己，能够磨炼自己。所以孔子能做到"七十而从心所欲，不逾矩"，那是很不容易的一件事情。因为这个过程中，每一个让你不舒服的关系、不舒服的事件，其实都是你的"磨刀石"。同样的事情，究竟是磨刀石还是绊脚石，取决于当事人的内在状态。反驳是本能，反思才是修养，高手能通过反思把消耗化为滋养，把烦恼化为智慧。

要变障碍为资源，化消耗为滋养，最重要的功课是持续提升自己的觉察力。心理咨询的本质是借第三方的慧眼觉察自己。如果你能自我觉察，就能自我教练，做自己的心理医生。觉察什么呢？觉察自己身上的三部分是否处在稳态，彼此相处是否和睦。自己的内在凡夫给自己的内在狗熊梳毛，训练其自律；自己的内在圣人又给内在凡夫梳毛，引导其高尚；内在狗熊、凡夫也教练内在圣人要食人间烟火，不兀自清高。内在三部分相处融洽了，你就会成为一个和善的人，貌随心移，时间长了相貌都会改变。一个和善的人能用和善的眼光看待一切。逆着来的一切，他都可以用和善的心把障碍转化为资源。障碍是暂时不同频的资源，烦恼是未被消化的智慧。内外是交互影响的，内在越和谐，外在越顺遂。内在不和谐，外在也难顺遂。费斯汀格有个法则：生活中的10%是由发生在你身上的事情组成，而另外的90%则是由你对所发生的事情如何反应所决定的。对所发生的事情如何反应又是由什么决定的？答案是心态。

■ 内在和谐才会心想事成

有位女士一直怀不上孩子。跟她交流了几次后，我说："其实你是能够自然受孕的，现在怀不上主要是因为你的潜意识没准备好做妈妈。"她惊讶地问为什么。我说："第一，你平常的表现就像小孩，表现出很顽皮与玩世不恭的样子，似乎还没玩够，内心抗拒长大，潜意识不想当妈妈。第二，你丈夫表面上是丈夫，其实在潜意识里你把丈夫当作爸爸。你找丈夫是为了让他替代你爸爸疼你、爱你。所以你的潜意识不想生小孩，担心将来小孩会替代你在丈夫心目中的地位。丈夫宠了孩子，你就会失宠。第三，你更热衷于现在的事业，潜意识还担心小孩降生会影响你的事业。表面上你很想要小孩，内心却在抗拒。潜意识抗拒的状态下，自然受孕难度就很大。”她面露被揭穿的尴尬问：“那该怎么办？”我说：“你必须先向内用功，让自己的内在小孩慢慢长大，活出成年人的状态。”

麦克斯威尔·马尔茨博士曾为很多爱美的人做过美容手术，他发现了一个很奇怪的现象：那些做完美容手术的客户，即便自己成功变成了大家公认的大美女，她们却对自己的形象仍不自信。麦克斯威尔·马尔茨进一步探索发现，许多客户尽管获得了新的面容，但其内心的痛苦与安全感的缺乏仍然影响着她们的人生。外在的样子受内心的影响很大，内心自卑的人通常很敏感，容易把别人的行为过度解读为看不起自己。内在和谐的人目光也柔和，胸怀天下的人目光也慈悲。

■ 心静了，烦恼就没了

一位居士遇到急事风风火火地去拜见师父。不巧师父不在，师伯说：“他忙别的事去了，一会儿就回来，你坐这儿稍等。”说完话师伯就继续打坐了。他因为心里有事，心浮气躁，静不下来。他看到旁边师伯一脸淡定、如如不动地打坐，看着师伯随呼吸微微鼓动的肚皮，感受着古柏苍松的静谧，渐渐地他也静下心来了。静下心来一想，其实他的焦虑也只是臆想的，内心疑虑顿时烟消云散。坐了一会，他跟师伯说："既然师父忙，我就走了。"师伯说："你不是有事找他吗？"他说问题解决了。

从此他悟到：遇到烦恼时先调整内心的状态，心静了，烦恼就没了。

内在和谐的人能化繁为简，因为状态对了一切就都对了。内在不和谐的人则会化简为繁，状态不对却总想借题发挥。无论与谁相处，其实都是跟自己相处，外面没有别人，只有自己。与别人发生的冲突，大多是自己内心冲突的显化和转移。与他人不和多是因为自己的内在不和谐。当自己内心处于和谐自在状态时，周围的人也就比较顺眼。

促进内在和谐的自我对话

人们建立和维系自我形象的最基本方式就是自我对话。自我对话就是自己与自己对话，自己琢磨。语言既是个体间交流的工具，也是个体内思考的工具，人们恰恰是用自我对话的方式思考的。积极的自我对话会建立正面的、自信的自我形象，消极的则相反。自我对话是个人建构自我形象和消除认知不和谐的重要方法，实际上也是促进内在狗熊、凡夫和圣人三者和谐一致的手段。

在交谈中，比语言更能影响人的是气场。我把气场定义为一个人的内在状态透过潜意识的表达。气场强的人即使说错了，别人都觉得是对的；气场弱的人即使说对了，人们也会觉得是错的。跟你交谈的人很容易感受到你的自我形象以及内在和谐程度。别人用你看待自己的方式看待你。同样，你的心态也潜移默化地影响着你对世界的看法。从容的人，感受到的多是平和的眼光；和善的人，感受到的多是友好的眼光；自卑的人，感受到的多是歧视的眼光；叛逆的人，感受到的多是挑剔的眼光……谈话中，你的状态会无情地出卖你。

■ 反求诸己才是成长

费斯汀格认为，人们为了自己内心的平静与和谐，本能地追求外部环境与内心、态度和行为的一致性。外部环境与自己内心的设想不一致，或者行为与态度不一致时，人们在心理上就会产生不和谐，而这份不和谐又会形成巨大的心理动力，推动人们去重新建构自己的认知，消除这些不和谐。消除认知不和谐的方式有两个方向，一是积极地采取行动，去改变现状；二是不改变现状，转而改变内心的解释。抱怨和辩解是典型的通过改变内心的解释来消除认知不和谐的方法，而且是消除认知不和谐的捷径。只要怨天尤人地抱怨一番，什么具体的努力都不用做，自己就能找到一个安慰自己的理由，认知就和谐了，心理上的不适就消除了。在争辩中，我们坚守的只是我们自己的立场，是自己心中的那个世界，不是事实。更可怕的是，我们经常会全身心地投入到为自己的立场辩护的战斗中，而忘了当初的目标。抱怨和辩解虽然可以给人的心灵带来短期的安慰，但自己却不会做出任何改变，这就错失了从错误中学习的好机会。斯科特·派克说过，每当我们逃避自己的责任时，也意味着白白地把权利拱手相让。

说到底，不能很好地与人相处，归根结底还是因为自我的边界感太强，无意识地向维护自我形象和捍卫自我边界等方面投入很多能量。只有发展出很强的觉察力，才能客观地评价自己，才能在自我辩护上少花一些能量，在自我反思中多用一些心思。另外，欲望会让人的视野变得狭窄，思维受限制，所以只有放下我们自己的欲望，才能觉察到大千世界的奥妙；带着自己的欲望，物我就有了界限：这个是我的，那个不是我的，就有了分别心。把过错都推诿给环境和他人，把功劳都归结为自己的努力，这种解释是人类的基本归因偏差。外归因固然保护了自己的界限，给了自己一个无辜者甚至是受害者的理由，从而获得某种解脱，同时也错失了自我反省和提升的机会。自我不是辩护出来的，而是开拓出来的；**自我越辩护越小，越开拓越大，而开拓的前提是找到并承认不足。**

我们遇到的问题多源于过度的自我防御。当一个人总想捍卫自己，总想证明自己是对的，指责别人错了的时候，也许他更应该思考：是否把宝贵的生命能量用错了方向。

调整状态的四大“咒语”

在化解冲突的关键对话中，双方首先要做的是状态建设。积极阳光的正能量状态是高难度沟通的前提。与人和解之前先要与自己和解，自己的内在和谐了，再沟通时自然会释放善意，而这份善意又会影响对方的内在状态，带动对方与自己和解，从而共同达到内在和谐。

■ 对不起：向内探索的邀请

大部分人遇到冲突时会目光向外，找别人的问题，用尽全力为自己辩解。找别人的问题和为自己辩解都容易引发对方进入防御状态。当双方都竭力为自己辩护、努力指出对方过错的时候，争执便会永无休止。因为人人心目中的自己都是由自我建构的，都是善良且正确的。“对不起”就是把人的能量状态从这种紧缩的防御状态中解救出来的第一句“咒语”。这个“咒语”逼着人向内探索。纵使 99% 的错在对方，难道自己就没有 1% 的错？向内探索的目的是率先看到自己哪怕只有 1% 的错，率先承担责任，说声“对不起”。只要先说出“对不起”三个字，潜意识就会自动搜寻自己表现中的失当之处，论据就冒出来了。重要的是“对不起”这三个字对内在状态的改变，成功地结束了辩解和指责模式，顺利地切换到反思模式。**反驳是人的本能，反思才是成长。**

互动双方的状态会微妙地影响彼此，意识善于分析理解，潜意识善于体验模仿。所以，**辩解态激发辩解态，指责态激发指责态，反思态激发反思态。**对方会无意识地匹配你的状态。你一旦低下头来反思自己的不足，真诚地说一声“对不起”，就会引发对方无意识层面的反思，双方都开始向内探索。向外找的原因都是发散的，永远达不成共识，唯有向内找原因才可能收敛出双方都能接受的解决方案。你下次在说“对不起”的时候不妨同时觉察一下自己内在状态的微妙变化，再觉察一下你的“对不起”说出去之后对谈话氛围及对方状态的影响。

谢谢你：感恩生命中遇到你

“我都恨死他了，还让我对他说‘谢谢你’，我实在张不开嘴。”有句话说得好：所有的事情到最后都是好事，如果你觉得不是好事的话，说明反思不够，没有把它当成学习的机会。你看到的所有人都是特定环境下的一个版本而已，甚至有可能是你没机会活出来的另一个版本的自己，把你放在他的环境中也许你还不如他。你遇到的所有事，也不过是不同版本的人生交互的结果。用感恩的心对待遇到的人和事，你才能放下内在的抗争，接纳已经发生的现实，才能腾出能量去深刻反思，用智慧化解烦恼，又将烦恼转化为智慧，增长智慧。感恩、接纳是改变的第一步。感恩不仅仅是说给对方听，更重要的是说给自己的潜意识听。

对那些伤害过你的人，越恨他越要大声喊“谢谢你”。他未必听得见你的大喊，而你的潜意识会听见，从而引发你进入反思态，及时处理掉隐藏在潜意识深处的创伤病灶，放下过去，拥抱未来。稻盛和夫的六项精进中有一条：活着就要感恩。宇宙大系统的能量是无私的，我们需要通过感恩回应宇宙的无私能量，从而把自己的内在能量和宇宙能量调频到一致。哪怕是受了委屈的时候也要说一句“谢谢你”，潜意识会得到感恩的指令去帮你自动罗列感恩的理由。哪怕是遇到了强烈的批评，也可以尝试说声“谢谢你”“谢谢你给我的反馈”！从而引发自己的反思，就会真的从中有所领悟。把发生的一切当作反馈，都能增长智慧。我经常说：**处在学习态，批评也是反馈；处在批判态，**

反馈也是批评。能引发反思的一切存在都是礼物，都值得感恩。对善于事后复盘反思的人而言，世界上就没有失败，即便是损失利益，也会获得经验，增长智慧。

■ 我爱你：发出连接邀请

“我爱你”可以理解为一种连接请求，代表此时此刻我愿意跟你连接，愿意向你打开内心。每人每天都需要 20 个拥抱以满足最低情感需求。而我们含蓄的文化限制了人们彼此“梳毛”的频次和力度。既然明白了这个道理就要有勇气去改变。比如在课堂上，我一开始也不习惯与学生们互相拥抱，后来也慢慢适应了。因为我很清楚“梳毛”有助于建立更高质量的连接，有利于身体释放催产素和多巴胺。“我爱你”后面还可以接上一句“我想抱抱你”。

在线下课中，我们会安排运用“咒语”调整状态的刻意练习。尽管一开始大家有点难为情，而彼此打开后，大家都很深情。有人说完一句“我爱你”后，眼泪唰地一下就掉了下来。这三个字虽然很简单，却很直接地影响关系双方的情感世界。实际上，每个人的内心都是孤单的，每个人都渴望与他人连接。

■ 请原谅：宽恕与请求宽恕

“请原谅”一开始并没有被我纳入“咒语”中，当时的想法是请求别人原谅，人家未必愿意，不好操控。后来读了《奇迹课程》才领悟到宽恕是创造奇迹的第一步。如果说感恩是对宇宙能量的回馈，宽恕则是对宇宙能量的效仿。当一个人能像天地那样包容万物的时候，就意味着小我的边界瓦解了。

“请原谅”不只是向对方说的，还是向更大的宇宙系统说的，更是向自己的潜意识说的。每个人首先要原谅的人是自己，只有原谅自己才能放过别人。我经常会感觉到“请原谅”三个字应由内在狗熊说出，这是一种自我检讨和救赎。无论对方是否真诚地原谅我们，我们的内在狗熊既然交了这份检讨，便值得被看见、被原谅。与其说请求别人原谅自己，不如说请求自己放过自己。没有人愿意一直活在愧疚感中，“请原谅”的很大一部分作用是把自己从愧疚感中解救出来。当然，“请原谅”也是向对方发出的和解信号，也有利于促进对方内在和解。与自己和解了的人才能真正与别人和解。

成长的目标是与天地同频

当两个人一争高下的时候，他们的能量恰恰是同频的，而且是都处在紧缩的低能量状态。而“对不起、谢谢你、我爱你、请原谅”，其实是帮助你与自然同频的“咒语”，把你的能量调到慈悲、感恩和爱的状态。这三种状态是同一频率，都属于宇宙能量的频率，只是方向不同而已。你不能要求别人与自然同频，只能调整自己的频率。化解冲突时，你永远得负责把自己的频率调到与自然同频，然后通过这个频率去改变别人的频率。你看大家一起跳舞的时候，音乐响起，个别人先跳起来，很快就带动全场人跳起来，这就是频率的效果。

当你的状态感召不了一个人时，有两种可能。一是你的频率不够纯洁，掺杂了个人企图，对方也能感受到你的私心。二是你的高能频率还不够久。持久且纯粹的慈悲、感恩和爱才能与宇宙能量同频。自然不是一种超能的存在，而是一种能量波的代称，是慈悲、感恩和爱的能量波标签。那种状态是无我的状态，只有极少数人能保持在这个状态，常人只能靠持续成长尽可能地把自己调到这个状态。

与恶人纠缠会使你与恶人同频。与恶人同频就不能与自然同频了。《菜根谭》里有句话说："不要与恶人斗，恶人自有对头。"为什么恶人自有对头？恶人会遇到与恶人同频的对手。所谓的善就是与道同频，与自然同频。《易经》里说："天之所助者，顺也，人之所助者，信也。"顺天意就是能与天同频，言而有信就是跟他人同频，人会帮助言而有信的人。你唯一能操控的事情是调整自己的频率。

用"咒语"化解家庭矛盾

我有一个学生是两个孩子的妈妈，儿子 12 岁，女儿 10 岁。一个夏日的周末，她要带女儿参加演讲比赛，丈夫与儿子在家。女儿发挥得并不理想，回家的路上又遇到了严重的堵车，母女俩到家时都快晚上八点了。饥肠辘辘的她满心想的是进门能吃上一碗丈夫熬的热粥。

母女俩一进家门就被眼前的景象惊呆了：家里乱成一锅粥，东西摔了一地，儿子向隅而泣，丈夫坐在沙发上说着狠话，显然父子俩刚刚发生了一场“恶斗”。她见状马上就炸毛了，指着丈夫大骂：“我跟女儿折腾到天黑才回来，你不给做口吃的也就罢了，反倒跟孩子打斗，还把家弄得这么乱，有你这样的老爸吗？”正在气头上的丈夫也不依不饶地数落她把儿子惯坏了，吵了几句后转身回卧室去了。她生气地把自己关在书房里。突然闪来一个念头问自己：“我向田老师学了那么多改善关系的技巧，怎么还会炸毛呢？”于是就找来上课时的学员手册翻看，正好翻到四大“咒语”处，她决定现场应用一把。

于是她推开卧室的门，对正在生闷气的丈夫喃喃地说：“对不起，我不该当着孩子的面对你发火。”在说“对不起”的时候，她的内在狗熊在流泪，心想明明是他的错，我凭什么要说对不起。可就在她说出“对不起”三个字的时候，似乎马上就看到了自己的问题——不该发火。说完“对不起”，她觉察到自己内在的那股火也消了，外表也柔和了许多。让她意外的是，一向嘴硬的丈夫居然破天荒地低头认错了：“今天的确是我做得不好，让你失望了。”丈夫意外的表现是对她极大的激励，心想还有几句咒语没用呢，于是她接着说：“谢谢你，及时终止了战争。”她解释道：“当说出‘谢谢你’的时候，也说不清他有什么可谢的。”“谢谢你”三个字一出口，就想起来他先回房隔离自己也是贡献。没想到丈夫说：“谢谢你，还这么包容我。”她就再接再厉地用“请原谅”和“我爱你”造句，之后竟神奇地和丈夫相拥在一起，冲突在一小时内居然解决了。要是在以前，这种级别的冲突至少要冷战一周才能渐渐和好。

后来她拿着学员手册给丈夫看四大“咒语”，丈夫才知道原来她是有锦囊的。再后来四大“咒语”成了他们家化解冲突的神器。

这就是“咒语”的威力！把“咒语”当作家庭内部沟通语言的话，威力更大。“咒语”本身是调整内在能量状态的心锚，内在状态对了，外部世界就对了。还有位同学分享说：“四大‘咒语’太好用了。一次我和我老公马上要剑拔弩张了，他彪悍的内在狗熊都炸毛了。关键时刻，我到书房把学员手册拿来，煞有介事地打开念‘对不起’……还没念完老公就破涕为笑了。”

四大“咒语”还有一个重要的用法就是说给自己听。你跟任何人相处的同时还都是在跟自己相处，与自己和解的人才能与别人和解，你与别人的心理距离恰恰是你与自己的心理距离。四大“咒语”用于跟自己的内在小孩对话也很有效果。

对不起，小时候的遭遇让你受了太多的委屈，承受了太多的伤害，坚持到今天，你付出了很多。

谢谢你，你当时用这样的方式保护了我，尽管现在看来这种方式已经不合时宜，但在当时却是最好的选择。谢谢你所做的努力和忍让。

请原谅，受制于当时的认知水平，我长时间忽视了你，甚至压抑你。好在今天我认识到了跟你相处的重要性。

我爱你，从今以后我要天天跟你在一起，看见你并照顾好你，保持跟你对话，我们永远亲不可间。我想抱抱你！

为了有更好的带入感和疗愈效果，你甚至可以请人扮演小时候的自己。跟小时候的自己面对面对话。扮演者要蹲着或坐着，显得比你矮小一点，你要俯下身来跟扮演者对话。大部分人在对话时会流泪，尤其是那种完美主义者，长期看不见自己的人，做这个练习经常会号啕大哭。

在很多人心目中，“套路”是个贬义词，我认为“套路”这个词本身是中性的，关键要看使用套路者的内在状态。状态是正能量的，套路就是阳谋；状态是负能量的，套路就是阴谋。听别人说话的时候，我们不仅会听对方说什么，还会感受他怎么说。“说什么”由套路指引，“怎么说”靠状态感染；“说什么”走脑，“怎么说”走心。

关系也可以是一个人的事

有些事情已经过去很多年了，但当事人内心的情结并没有解开，潜意识层面的情感纠缠从来没有停止过。有些关系已经天各一方，甚至阴阳两隔了，而内在纠缠仍然在暗处起作用。

发自内心地与自己和解，过去的过不去，未来的便来不了。在潜意识中与过去的人和事纠缠，内在不得和谐，生命能量一直暗耗，是人生最大的痛。有本书叫《斑马为什么不得胃溃疡》，斑马没那些纠缠的记忆，所以能愉快地活在当下。而人总和过往纠缠，难以忘怀过往的不堪，容易陷入内在分裂。处于分裂状态的人是不可能集中精力做事的。

与自己的和解是意识与潜意识的和解，并不需要关系的另一方在场。伤害你的未必是别人的表现，大多是你不合理的预期和不恰当的解读。

早晚做功课，终于与父亲和解

有位妈妈向我请教："我儿子读高中了，已经长成身高185cm、体重160斤的大人了，我却突然觉得自己不会跟他相处了。怎么办？"直觉驱使我问了她一个问题："你跟你老公相处得怎么样？"她说："我老公经常外出，总是聚少离多。因为彼此难得见面，总是相敬如宾般客气。"我紧接着问："你跟你老爸相处得怎么样？"她眼泪唰地就掉下来了，红着眼说多年都没有联系。我解释说："你的问题涉及与成年男子连接的问题，所以要追溯到你生命中的重要男性。"她说："我跟我爸很多年没见面了，我妈去世后我就没回过老家。彼此都不想面对心里深处的隔阂。"

原来，她还有一个姐姐和一个弟弟，她排行老二。她慢慢发现父母偏大的，爱小的，唯独不爱她。爸爸是家里的绝对权威，动辄家暴，全家人都怕他。

七八岁时有一天晚上，她贪玩回家晚了，被盛怒的爸爸打了一顿，从那以后他们父女就形同陌路，非必须都不说话。直到她离家上了大学。

听完她的故事，我说："我有两个结论。第一，你在公司跟男性领导之间的沟通也有障碍。"她说："你说得对。我对男性领导都是敬而远之，我干活非常卖力，对组织无限忠诚，凭真本事赢得今天的位置。”我接着说：“第二，你比你的姐姐和弟弟都更有作为。”她又点头称是。我说：“主观上你恨你的父亲，客观上他用这样的方式激发了你的斗志，帮你成才。父亲的打骂背后有股扭曲的爱。与父亲和解，才能彻底解决与成年男性的连接障碍。”

她说母亲去世早，三个孩子就她在城里，父亲80多岁了，想想他也蛮可怜的。有时候也想回家看看，却只是想想而已。我说：“父母背后是你的家族系统，连接父母就是连接家族的能量。你没有选择，唯有勇敢地直面童年创伤，在老爸有生之年与他和解，才能彻底堵上内心深处的能量黑洞。与老爸和解了，你与成年男人的连接障碍才会消除。”

尽管她决心要改善与父亲的关系，身体却总是抗拒，看到老爸的照片都浑身起鸡皮疙瘩。我说你要做脱敏练习，先在家做功课，对着父亲的照片念四大“咒语”。她每天早晚坚持做与父亲的刻意连接，一开始很抗拒，后来就慢慢脱敏了。三四个月后，奇迹出现了。有一天早上她接到一个陌生来电就瞬间泪目了，那熟悉而虚弱的声音像个孩子：“最近有空回来一趟。昨天我梦见你妈了。”她哭着答应了老爸，第二天就回老家了。也许这就是传说中神奇的心灵感应。

面对眼前这位瘦骨嶙峋的老者，压在她心头的陈年旧恨散得无踪无影，替而代之的是多年未尽赡养义务的愧疚。她扑通一声跪倒，泪流满面……

在面对多年的积怨时，要先做状态建设，先跟自己和解。你怨恨的只是对方在你心目中的印象。放不过别人多因放不过自己，难以与别人和解多因难以跟自己和解。

避免陷入互耗困境的六条金律

关系是沟通的基础，沟通又会微妙地影响着关系。关系的深化与升华离不开沟通，关系的僵化与破裂也与沟通有关。我发现在人与人的沟通中最容易陷入无谓消耗、互伤感情的困境有三种。一是认知层面的无休止地争辩，双方认知不同也不可能相同，在各自的世界里不同频地讲着自以为是的道理，永远达不成共识。二是情绪层面的非理性地争吵，双方都放纵自己的内在狗熊，越拱火越难收场，对彼此的伤害就越大。三是行为层面的无担当地推卸责任，双方都拿对方的过错说事，极力推卸自己的责任，陷入互不相让的尊严保卫战中。冲突双方只要有一方能觉察到沟通即将陷入死局时，就可以有意识地调整自己的反应范式。我总结了六条走出彼此消耗困境的金律，分别从回应对方和调整自己的角度化解认知分歧、情绪失控以及责任推脱三大困境。

■ 第一，用好奇心替代评判态

无效沟通中最常见的现象是双方陷入没有终点也不解决任何问题的自我辩解状态。人们总是以别人的表现为线索，结合自己的经验建构出对别人的印象。而对自己的印象却早已建构完成且不断合理化地巩固。人人都认为自己是正确的，成绩的取得都是自己努力的结果，有了过错都怪环境和他人，这就是心理学中的基本归因偏差。人们都会根据别人的言行推测别人的品性，却又依据自己的品性诠释自己的言行。这就造成了我心中的我和你心中的我，以及我心中的你和你心中的你差异极大，因此，所有争辩谁错谁对的“游戏”其实都是对牛弹琴，除了伤感情外毫无意义。就算你掌握了绝对真理，赢得了辩论却透支了你与对方之间的情感账户，也是得不偿失的。

面对辩解，人性的本能反应是争论。世界是感知的世界，每个人的感知各不相同，争论孰对孰错好比盲人摸象一样滑稽。辩解的意图是消除内在的不和谐，渴望被看见、被认同和被欣赏。面对别人的辩解，如果采用更懂人性的应对方式——用好奇心替代评判态，变质问、评判为好奇，就有机会听到对方观点背后的故事。每个人都渴望被关注和被理解，一句“我很好奇”就足以打开对方的话匣子，继而进入对方的精神世界，了解对方的故事。过程中及时穿插梳毛式回应，对方就会在潜意识深处建立对你的信任。戴尔·卡耐基说：“倾听是对说话人的最高尊重，是比能说会道更高级的影响手段。”

第二，用反思替代自我辩解

无效沟通的另一种情况是自己无意识地进入辩解或证明态，谈话同样会进入鸡同鸭讲的无休止争论态。首先，必须清楚没有人喜欢听你辩解，人只关心自己的利益。其次，要觉察自己的辩解意图。为什么辩解？无非是渴望消除内在的不和谐，归根结底还是渴望被看见和被理解。渴望被别人看见和理解显然是向外求的。在向外寻求关注和理解前，首先要自己看见自己，自己理解自己。人的精力总是有限的，过度向外寻求关注和理解，反倒容易灯下黑，最终自己看不见自己；越用力辩解越不能有效反思，不反思就不能提高，不提高则难免再次遭受同样的打击，受到打击又不得不为自己辩解，陷入恶性循环。辩解实则是让人进入能量越来越收敛，能力越来越收缩的旋涡的入口。

渴望被别人看见、理解和认同本身就是不独立的表现。你最大的烦恼不是别人不懂你，而是你不懂自己；不是别人看不见你，而是你看不见自己。我们要懂得向内用功，每每遇到辩解或证明欲望升起的时候，先要自己安慰自己的内在狗熊，自己拥抱自己，自己看见自己。**内心强大的人都是自我安慰的高手，他们把辩解、证明的工夫用来自我安慰，**安抚好自己的内在狗熊，自然就进入理性反思的状态。有反思必有提高，持续提高的人才有能力应对更大的挑战。

■ 第三，善于觉察别人的情绪

辩解总体上是由认知脑主导的理性反应，而情绪则是非理性反应。如果双方都被自己的情绪绑架了，对话很容易演化成两只内在狗熊打架。用情绪回应情绪是本能，用理智回应情绪才是成长。我经常说：失去理性的人跟醉酒的人一样值得同情，跟落水的人一样需要施救。如何帮助被情绪绑架的人恢复理性？这就要洞察情绪背后的诉求：内在狗熊需要被看见，四大基本诉求需要被满足。无论谁的内在狗熊炸毛，都需要被及时看见和有效满足。

我早年当分支机构总经理的时候遇到过一起严重投诉。一位集团的财务总监冲着我破口大骂，甚至恶语相加。尽管我当时一头雾水，还是深吸一口气说："能把您这样有身份有涵养的老总逼得动粗口，看来问题相当严重。"我把他的情绪激烈程度和问题的严重性画上了等号，他的内在狗熊瞬间就被看见了，情绪也缓和下来了。我说："既然您抱着最后的希望找到我，这事儿我一定负责到底。您喝口水，慢慢说……"对方终于冷静了下来，开始讲述事情的原委。

每一种负面情绪背后都有一个正向动机，这位财务总监如此动怒，无非是想告诉我的问题很严重，希望引起我的高度重视，他的归属感和效能感严重缺失，也有强烈的不安全感。我把情绪的激烈程度解读为问题的严重性，又承诺负责到底。他的内在狗熊被看见，诉求得到回应，自然会恢复平静。我在课上也常讲：**"苦水倒不完，道理进不去，智慧出不来。"**满肚子负面情绪的人，一门心思地想着发泄不满，哪有心情听你讲道理，哪有智慧解决问题。只有将心中的负面情绪淋漓尽致地发泄出来后，才能恢复理性，直面问题，将大脑腾出空间听你讲道理。

第四，勇于表达自己的感受

真正独立的人能够像尊重别人一样尊重自己，也能够像尊重自己一样尊重别人，在与他人的交往中，自己不会受内伤或外伤，也不会使他人受内伤或外伤。自己的情绪当然也需要被及时看见和满足。自己的情绪首先需要被自己看见。爱发火的人首先要修炼的功课是觉察自己的情绪，自己看见自己，而非不假思索地把自己的内在不和谐转嫁给别人。其次，一个人走向独立的标志是敢于表达自己的负面情绪，既不压抑，也不随意发泄，而是坦诚地表达负面情绪。练习独立从坦言感受开始：

刚才的事，我感到很气愤……

你的这番话让我很受伤……

当我得知你根本没去参会时，内心很沮丧……

我觉得被最好的朋友出卖了，内心很难过……

很晚了，你还没回家，我很担忧……

都快考试了，你还在玩游戏，我很焦虑……

最好的反馈是不做评价，而是直言感受。**评价很主观，观点很容易反驳，感受却是真实的生理反应，无可辩驳。**高难度谈话中的一个重要策略是坦言自己的感受，请求对方提出让你感受好一点的方案，把创造空间让给对方。用感受替代评价，往往能消除很多潜在摩擦。

■ 第五，为他人的努力点赞

我们以别人的行为表现为线索建构其形象，这会导致片面地将个别行为与人品关联起来。在潜意识层面，我们建立了行为与人品的关联，一次行为对我有利就是好人，一次行为对我不利就不是好人。**对别人用坏结果推出恶意图；对自己却是用好意图诠释坏结果。**用别人的行为推断别人的人品，却用自己的人品诠释自己的行为。人们总是以“怎么可以这样”为根据质疑别人的人品，以“为了你好”为由纵容自己的内在狗熊。这是造成诸多误会的根源，解决方法是切断人品与行为之间的联系：**个别言行不能推定人品，好意图也抵消不了坏影响。**

持续成长有时是痛苦的。有修为的人会努力绕过不良的结果考察别人的行为，肯定行为背后的动机和别人付出的努力。

苏霍姆林斯基做校长的时候，校园的花房里长出了几朵大玫瑰，全校同学都很惊喜，每天来看玫瑰花的人络绎不绝。一天早上，苏霍姆林斯基在校园散步时，一个4岁的女孩在花房里摘下了一朵玫瑰花，从容地往外走。难道孩子不知道校园的花是不能随意采摘的吗？

苏霍姆林斯基俯下身子，亲切而好奇地问小女孩："孩子，你摘这朵花是送给谁的？能告诉我吗？"小女孩害羞地说："奶奶病得很重下不了床，我告诉她学校里盛开了大玫瑰，她不信，我就摘一朵拿给她看，看过后我就把花送回来。"苏霍姆林斯基听了这番话，挽着小女孩回到花房，又摘下两朵花对孩子说："这一朵是奖给你的，你是一个懂得爱的孩子；这一朵是送给妈妈的，感谢她养育了你这样的好孩子。"

苏霍姆林斯基绕过结果探索到小女孩行为背后的动机，看到了孩子的爱心，不失时机地滋养了孩子的心灵。能绕过不良结果看到他人美好动机和所付出的努力的人一定能让对方感动。

第六，对自己的行为负责

双方互相推脱责任是关系陷入僵局的另一种常见的情境。社会对成年人的基本要求是能为自己的行为负责。当你的行为给别人造成了利益损失或身心伤害，无论什么理由，都要承担责任。人性深处最强烈的诉求是被看见，所做的牺牲、所受的伤害、所付出的努力统统都需要被看见。而推脱责任意味着忽视别人的付出和牺牲，自然会引发别人的内在狗熊殊死抗争。在潜意识层面，内在狗熊永不停息地为没有和解的伤害抗争。

冲突中绝少出现责任一边倒的情况，双方都有责任且双方都没有担当才使问题变得复杂。只要有一方站出来承担责任，僵局就打破了。谁先勇于担当谁就掌握主动权。无论当初的意图如何，只要你的行为客观上对别人造成了利益损失或身心伤害，就应该勇于担当，让受害方的内在恢复和谐。仔细觉察后不难发现：每个人的内在圣人都对推卸责任的行为很不齿，推卸责任只是内在凡夫的狡辩和内在狗熊的作乱，反而会加剧内在圣人的愧疚感。很多以消除内在不和谐为目的的防御行为反倒造成了更大的不和谐。当然，承担责任并非要认领别人的责任，那样的话你自己的内在狗熊会流泪。

与人交往的三大禁忌

人性中的恶就像潘多拉魔盒，不能轻易打开。无论与谁交往，都不要轻易把对方逼到绝境。也永远不要放纵自己的内在狗熊伤人，尤其是以尖酸刻薄之语伤人。你尽管有口无遮拦的自由，却未必能承受得起口无遮拦的后果。与人交往最大的禁忌是不惹别人的内在狗熊，不放纵自己的内在狗熊，同时还要经得起自己良心的审判。人际交往有三大禁忌，像高压线一样，绝对不能去碰。

■ 忌咄咄逼人

人常说：人性经不起考验。主要是因为人人的内在都有一只狗熊，被逼到无路可走时，内在狗熊就会掌控局面进入“战斗—逃跑”模式。与任何人交往都不能把人逼急了。

很多时候我们用极端的方式把人性恶的一面激活，到头来却抱怨人心叵测。难得糊涂恰恰是为了给内在狗熊留下适度的空间，咄咄逼人则是不懂人性的标志，也容易把自己推到危险的境地。

■ 忌恶语伤人

人们常说：祸从口出。语言对心理的伤害有时候远大于暴力对身体的伤害。历史上因语言不慎招致杀身之祸的人数不胜数。与人交往中，决不能放纵自己的内在狗熊恶语伤人。一言不慎对别人造成的创伤一辈子也抹不平。几乎人人心头都有几段挥之不去的被恶语伤害的片段，加害方逞一时口舌之快可能早已忘却，受害方却刻骨铭心，终生难以释怀。

失去理智时最容易恶语伤人。所以古人有“盛喜中，勿许人物。盛怒中，勿答人书”的训诫。

■ 忌违心遗恨

稻盛和夫最常问的问题是：“作为人，何为正确？”我认为这个问题是他致良知的法门，意在时刻把自己的所作所为与内心深处的良知进行对比。实际上，我们的内在圣人一直都在用良知监督我们。尽管内在凡夫编各种各样的故事去合理化自己的所作所为，但良知对自己的拷问从来都没有停止过。最难骗的不是别人，而是自己的良知。

学生经常问我：“老师，我很认同你的教学理念，可是我的领导不理解，也不支持，怎么办？”我说：“你的良知知道怎么办。”

梁启超的著名演讲《最苦与最乐》中指出人生须知道有负责任的苦处，才能知道有尽责任的乐处。他说：“有了这责任，那良心便时时刻刻监督在后头。一日应尽的责任没有尽，到夜里头便是过的苦痛日子；一生应尽的责任没有尽，便死也是带着苦痛往坟墓里去。”

第八章

天地众生，皆为自己：持续终生的内在工程

社会塑造着每一个人，无论其生下来是什么个性，在社会里历练一阵子，都会改变。孔子“七十而从心所欲，不逾矩”，也是一生磨砺的结果。社会中的人与海里被侵蚀的石子最大的不同是人可以在社会里有目的地打磨自己，能够有选择地社交、有目标地经营、有意识地借力。

圈层经营与跨圈借力

物以类聚，人以群分。人际网络是分圈层的。每个人的社交圈层都需要用心经营，为才华创造更好的发挥价值的平台，又要借助更高圈层开发自己的潜能，发展新的能力。我们需要施展才华、创造价值的圈层，也需要学习成长、开发潜力的圈层，更需要情感支持、补充能量的圈层，还要平衡好三者的关系。

■ 圈层共享着能量状态

“家和万事兴”很有道理。家庭是最重要的圈子，家庭温馨了，人才有足够的精力去处理工作。你的几个圈层共享着你的能量状态。同样的人在不同的社会环境中会表现出完全不同的状态。每个人都可以盘点一下自己在不同圈层的能量状态——在哪个圈层特别滋养，在哪个圈层特别消耗。状态低落时应该去哪个圈层充电，活力满满时应该去哪个圈层放电。

有位女强人在公司雷厉风行，是绝对的一姐。在家里也强势惯了，啥事都做主。女强人当久了难免精力不济。我见她心力交瘁的样子，说：“你在每个圈子都放电却没有充电的地方，看上去电池快耗尽了。”听完我的话她哇的一声就哭了，委屈地说：“我内心特别渴望活成小鸟依人的样子，可是条件不允许呀，哪里都需要我。”人们很容易高估自己的重要性，强势是自己内心缺乏效能感所致，并非别人离不开她。反倒是她的强势剥夺了下属和家人的历练空间。

每个人都有多重角色，每个角色背后都对应一个系统。扮演不同角色的耗电量是不同的，经常处在高能耗角色状态的人需要换个角色充电。比如有人在公司职务很高，在家却怕老婆。每每在单位放电之后，他要把自己收起来，用低姿态的身份回到家里充电。

■ 人的状态和关系因圈而异

有位销售员想拜访一位重要客户。可惜客户很难接近，屡屡无功而返。偶然间他发现，该客户的孩子跟他家孩子是同一所幼儿园的同学。于是，在商业圈层里，对方是客户，他是销售员，换一个圈子后，地位的势差就缩小了，大家都是幼儿园孩子的家长。该销售员就利用家长会的机会结识了客户。两个孩子玩得很好，大人也很随意地聊起了合作。这叫跨圈借力。你认识的每个人都不是一个个体，他背后都有若干个系统。也有可能你与他同处在两个系统中，比如同属同学圈里的同学，也是工作圈里的同事。

大部分人在工作圈中绽放才华，出成绩，赚报酬。同时，一定要多认识同行，在朋友圈相互学习，彼此“梳毛”。在一个圈里练功，在另一个圈里发挥；在一个圈里充电，在另一个圈里放电；在一个圈里经营关系，在另一个圈里办成事情。

跨圈交朋友，回圈出成绩

圈层也需要用心经营。有人说：一个人的认知水平是他圈层的平均值。不光认知水平，一个人的财富水平、成功程度和幸福水平都是其圈层的平均值。人与人交往遵循两个重要原则。第一是地位对等原则，交往对象的社会地位应该与自己相仿，至少不能相差太大。第二是价值原则，交往对象对自己而言有某种价值，自己对人家也有价值，值得人家结交。

每个人都要努力修炼，把自己变成有价值的人，值得别人交往的人。同时，也要利用自己独特的价值去积极突破圈层。这就形成了“价值决定圈层，圈层决定地位”的良性互促循环。提升价值需要持续学习，多出成绩。拓展圈层则需要多交朋友，多“秀肌肉”。我将二者的互促循环总结为十个字：跨圈交朋友，回圈出成绩。在朋友圈中相互学习，相互滋养。然后把从朋友圈里学来的本领在工作圈里发挥出来，创造绩效，提升自己在组织中的地位。职位提升后又可以带着新的身份去“跨圈交朋友”，结交更高圈层的朋友，相互学习和借力。就这样，交替在工作圈和学习圈借力，在学习圈充电，在工作圈出成绩。把工作和学习有机地结合起来。

■ 左手专业，右手人脉

人际网络是分圈子的，每个人都同时处在不同的圈子，每个圈子都会有自己的标签，越接近圈子的中心位置，在圈子里的影响力越大。

有位高三老师在家长会上对家长们说，“你们的孩子能否考上名校，根本不用等到高考，很早就能看出来。我教了很多年书，发现考上名校的好学生来自紧密围着各科老师的那三分之一的同学，这三分之一的同学跟老师形成了一个圈子，我称之为‘三分之一生态圈’。剩下那三分之二的学生考上名校是小概率事件。学校给每一个学生的机会是平等的，那些老找老师答疑的同学自然能得到老师针对性的辅导。尤其到高三后期，大家对知识的理解水平趋于一致，同学们要再进步必须解决自己身上那些个性化的问题，而核心圈的同学在解决个性化问题时会得到老师更多的帮助。并不是所有同学都能用好学校配备的教学资源，你只要通过你的孩子跟各科老师的熟悉程度就可以了解到他的学习情况”。

在任何圈子里都存在三分之一生态圈。成为圈子的核心层意味着要承担更大的责任，参与更多的决策，也同时意味着得到更多的资源，发挥更大的影响力。孔子说：“不患无位，患所以立。”人们更愿意结识那些在某些方面能帮得上自己的人。一个人的独特优势越明显，越容易打开人脉。人脉不在别人的身上，而藏在自己身上：**唯有让自己变得强大，你才能获得有用的人脉！**左手专业，右手人脉，专业让自己更具价值，价值让自己更有人脉，形成良性循环。

分散投资，均衡发展

每个人都身处多个系统，分饰多个角色。修为提升的重要标志是每个角色都能扮演得很好。有人一心扑在事业上，却忽视了孩子的教育，有人则为了家庭放弃了事业，有人则事业成功却没了朋友。你只能控制你认为重要的维度，你忽视的维度反过来会制约你。人生是多姿多彩的，均衡发展尤为重要。

多个角色却对应一个身体，显然精力、时间都成了稀缺资源。解决稀缺问题的策略是，结构化分配资源。就是要有意识地为每个重要角色分配好时间，把精力均衡地投入到每个圈子里。有人是工作狂，把全副精力投入到工作中，临退休的时候就会非常失落。热恋中的恋人几乎全情倾注于对方，一旦失恋就像天塌下来了一样。所以工作圈、学习圈、生活圈要尽量均衡，最好能做到跨圈借力，最不济也要做到在每个圈里不留遗憾。

善用弱关系

社会学家马克·格兰诺维特通过研究发现，在寻找工作的过程中，社会关系很关键。56% 的受访者是通过社会关系找到工作的。更有意思的是，在那些通过社会关系找到工作的人中，多半是利用弱关系找到工作的——其中 55.6% 的人是通过“偶然”接触的牵线者找到工作的，还有 28% 的人“很少”见到帮自己牵线的人。

为什么弱关系比强关系对你更有价值？强关系的朋友与你很熟悉，你们的圈子更可能同质化，而弱关系的朋友正因为平时接触不多，他们的圈子和你的圈子不大一样，他们掌握的信息才更有价值。也许一个很难办到的事情，对那些恰好掌握某种信息和资源的人来讲就是一句话的事。所以，最佳的策略是通过弱关系把很多不同的人际关系圈子连接起来。当你认识了来自各行各业的人时，拼接不同圈子中的弱关系的资源与需求，促成各种新的合作就变得很容易。我的一个朋友就特别善于做这样的事，他的朋友都非常乐意参与他组织的各种聚会。把不同朋友的优势整合起来形成一个一个的项目，带来不错的社会效益已经成了他最大的乐趣。他曾经向我如数家珍地描述他曾经促成的项目，眼神里充满了自豪！

多重身份下的修炼

30 岁出头小刘在职场表现得还不错，也有了一个 5 岁的儿子，把父母从老家接来照看孩子。一家人其乐融融。但家家有本难念的经，他们家的难题是饮食习惯。父母是北方人，喜欢吃面食。妻子是南方人，喜欢吃米饭。午餐吃面条还是吃米饭成为艰难的选择题。

又一个周末，妻子做好饭喊一家人吃饭。父亲一看是炒菜米饭就嘟囔上了："再好的米饭都不如一碗面实在。"妻子一听就忍不住了，说："我已经迁就你们一周了，周末你们将就一顿，行不行？"空气顿时就紧张起来。小刘昨晚上加班回来很晚，本想周末放松一下，不承想为了吃饭这点小事闹得不愉快，他心里很不是滋味。恰在这时，5岁的儿子嚷闹着要吃面。小刘再也忍不住了，把筷子一扔，扭头回卧室生闷气去了。餐厅里传来孩子的哭声……

晚上，父母就跟小刘商量说："本来我们在老家生活得很好，非得要让我们进城看孙子，弄得两头都不得好。要不我们还是回去吧。"父母回去，孩子没人带了可怎么办？那头妻子也怨气极大地说："你们亲爹、亲妈、亲儿子、亲孙子的一家，就我一个外乡人在自己家里还受到排挤。"5岁的儿子也说爸爸是个坏爸爸，还学着他的样踢凳子、摔东西。小刘后来反思，为什么三个角色——父母的儿子，妻子的丈夫以及孩子的爸爸，自己个个都扮演得一塌糊涂。

两个系统的控制权之争

看似简单的五口之家中却隐藏着两个系统：小刘的原生家庭系统和新的家庭系统，而两个系统都在争夺对小刘的支配权和控制权。已婚男士过分忠于原生家庭系统是没有长大的标志，说明他还没有做好当丈夫的准备。他身在新的系统里，心却在旧的系统里。同理，若女士婚后心一直向着娘家，说明女士也没有长大。每个人同处在两个系统中，婚姻带来的多重身份很考验一个人在多重系统中的平衡能力。

小刘之所以三个角色都没有扮演好，跟他内在极力回避矛盾的模式有关。小时候经常看到爸妈吵架，无助的他只好把自己关在小屋子里回避。家庭矛盾到了忍无可忍的地步，他就会爆发，爆发的时候他忽视了自己在新家庭系统中的身份和责任。冲突的本质还是家庭控制权之争。这时候，最需要他的担当，他是最佳的调解人选，只要他出来说几句话就可以化解矛盾。比如说“吃米饭换个口味也好”。可他在那一刻并没有意识到自己作为一家之主的身份，反倒激活了原生家庭中的任性模式，一摔筷子走了，把更大的烦恼留给他人。

小刘该如何对此次事件进行复盘呢？首先要找差距，给自己所扮演的三个角色的表现打分。小刘说每项都顶多得三分。父母的儿子没当好，妻子的丈夫没当好，儿子的爸爸也没当好。接下来针对每个角色找提升空间。他要先看见自己，内在狗熊炸毛的诉求其实是渴望父亲和妻子看见他夹在中间的处境，不要让他为难，看见他一直被动压抑的内在狗熊。他完全可以及时表达自己的感受：“你们为吃饭这点事争吵让我很难堪，给我个面子各让一步吧，我谁也得罪不起。”在家人面前及时坦诚地表达内心感受也许是他要修炼的功课。还要看见父亲在这个小家也生分，老人更需要尊重；要看到妻子的克制，她已经尽最大努力来维持这个家的团结了，她的努力需要被看见；也要看到孩子的无辜，被他当成出气筒了。看见了就可以分而治之，可以另找机会给老爸尊重，与妻子同处一室时向她的克制与努力表示感谢，给孩子说声抱歉。小刘最应该做的改进是勇于承担两个系统的责任，不再把自己当成原生家庭中回避父母吵架的小男孩。

■ 一个当下只能有一个身份

在一次总裁班上，一对夫妻学员课间向我倾诉他们的烦恼。他们在家是夫妻，在公司丈夫是总经理，妻子是财务总监。俩人经常意见不合，他们都能清楚地意识到有时候是把家里矛盾带到工作中去了，有时候又把工作中的矛盾带回家里来了。时间久了，俩人都筋疲力尽，甚至有下属利用他们之间的矛盾钻空子。我听完他们的倾诉说："记住！**一个当下只能有一个身份**。请你们用不同称呼提示彼此在不同场景中的身份。在公司就称呼张总、王总，在家就称呼老公、老婆。否则，总经理对财务的工作不满意，会被身为财务总监的老婆解读为'你不爱我'。"

这一点尤其值得家族企业重视，身份混乱造成的沟通成本和能量消耗巨大。沟通前双方必须约定好这是在什么系统中，谁与谁就什么问题进行沟通。只有双方都明确了自身所处的系统、各自的角色以及要解决的问题，才会避免混乱。家族企业倘若能解决好身份错乱的问题，再加上双系统积累的情感资本，对工作和生活都有积极的促进作用。相反，如果解决不好身份错乱的问题，则会把工作和生活都搞得一团糟。

同样，我们在职场中也会遇到这种情况。中层经理上有领导，下有员工，在多重身份的背景下，每隔一段时间，都可以评估一下自己扮演的几个角色表现如何。做领导的下级、做同僚的战友、做下属的领导，分别能打几分？做丈夫的妻子、做孩子的妈妈、做公司的财务总监，分别能打几分？然后有针对性地提升。太多的时候，角色扮演不好并非因为不努力，而是不懂得随势而变地调适自己。关系中出现的冲突和危机，恰是提醒你调适自己心智模式的信号。

很多矛盾是由关系双方不能与时俱进地动态适应，而凭刻板印象和惯性模式应对新情况造成的。形势会逼人进步，而身处多重系统，扮演多个角色的人更要主动积极地化“危”为“机”，借冲突事件反思自己应该如何调适自己以应对新的环境。

■ 安其身，易其心，定其交

领导力大师罗纳德·海菲兹把变革中的挑战分成两种：一种叫作“技术性挑战”，应对这类挑战需要人们提升技术水平；另一种叫作“调适性挑战”，应对这类挑战则需要人们转换思维框架、提升心智水平。唯有持续提升自己的心智模式，改变自己的反应方式，才能化解很多调适性难题。孔子说：“君子安其身而后动，易其心而后语，定其交而后求。”我认为这三句话可以作为关系双方应对“调适性挑战”的工作指南。

“安其身而后动”，可以理解为看见自己，先找到自己的身份和在系统中的位置。你是谁？在和谁谈话？要采取跟自己身份相匹配的谈话姿态。有的销售员见客户，一副唯唯诺诺的样子，反倒让客户心里不踏实。销售的目的是用自己的产品和服务帮助客户实现既定目标，身份决定心态，心态决定姿态，姿态决定状态。状态不对，努力白费。

“易其心而后语”，就是要看见别人。人大都是一门心思想着自己的目标和问题，无心听别人聒噪。与人谈话时先要换位思考，他为什么肯花时间见你？他对你有什么期待？什么是他感兴趣的？什么对他是有价值的？处在他的位置上，最有成就感的事情是什么？最大的担心是什么？在他眼里，你是实现目标和解决问题可利用的资源。你要思考的是如何让自己的这份资源发挥更大的价值，获得更多回报从而实现自己的目标。各有目标，互为资源，实现双赢的关系才是可持续的关系。

“定其交而后求”。双方建立了充分信任的关系，情感账户余额充沛，也培养出了高度默契。我主张双方都为关系储值，共同奉献、滋养一个被称为“关系”的心理资本。心理资本足够丰厚时，索取不过就是前期奉献的部分兑现而已。

烦恼为渡口，反思作归舟

在某次重塑关系训练营结束的时候我总结了一首诗：**人生是场修行，同船未必同路；各有各的渡口，各有各的路途。在烦恼上觅渡，以反思作归舟。**

人生是场修行，我们应不断地用高尚的高级愉悦回路替代那些庸俗的低级愉悦回路。所遇皆资源，所见皆机缘，生命中的人和事都是你修身的素材，一切发生都可以视为反馈，外在反馈引发内在反思，反思是为了提高反应模式。新的反应模式又要在实践中验证，得到新的反馈。这就是内外交互的循环，也是学习的真相。

同船未必同路。无论父母、配偶、孩子、同事，还是朋友，没有人能够完完整整地陪你一生。你的人生是独特的，每位有缘人都或长或短地陪你走一段。各人的修身功课不同，陪练们也有各自的修身功课。珍惜彼此在一起陪练的机缘，努力把所有关系经营成和谐、独立、滋养的双赢善缘。

各有各的渡口，各有各的归舟。渡口是悟道的门路，归舟是悟道的工具。各人出身不同、境遇不同，潜意识的情结和模式不同，悟道的机缘也不同，修身的功课也不一样。不仅情结有共鸣和互补，模式也有共鸣和互补。机缘到了就会有助缘人出现帮你找到渡口，给你做归舟。

在烦恼上觅渡，烦恼是智慧的原料，觉察是把烦恼化作智慧的酶。当然觉察本身也是智慧。烦恼化智慧的前提是直面烦恼，接纳其存在。烦恼是个体对存在的感觉，必然因人而异。而存在是客观的。烦恼都是因为你过于看重自己，自己内心恐惧，自己要满足欲望，自己要控制局面，自己要争面子，自己的内心太脆弱，当一个人瓦解了自己而与天地合而为一，就没有恐惧和烦恼了。

烦恼恰是个体探索潜意识情结和模式的抓手，顺藤摸瓜找到情结的创伤源头和模式的根源。化烦恼为智慧的第一步是接纳烦恼，直面存在。只有接纳了才能客观审视。继而以反思作归舟，思考如何改进。

不断觉察自己、提升自己，看见别人，尊重别人。深陷关系泥潭的人是看不清自己和别人的，必须借助旁观者的视角才能看清真相。冲突严重的时候恰是关系需要重新定义的时候，也是双方都需要自我觉察的时候，觉察而后修正，修正而后实践，继而收到新的反馈。透过烦恼领悟智慧。**烦恼是智慧的原料，智慧又成为化解新烦恼的解药。**就这样，“反馈、觉察、修正、实践”持续循环起来，不断逼近目标，双方都在关系中完善自己，关系也在不断地更新深化。

一切为你而来，而非冲你而来

我们应直面潜意识深处的情结和模式。情结多因童年创伤所致，郁结在潜意识深处的负面情绪包，是导致无意识炸毛的根源。有时一个眼神就会让某人的内在狗熊炸毛，原因在于这个人的潜意识将眼神线索与负面情结匹配上了，将其解读为危险信号，下意识启动了“战斗—逃避”模式。情结驱动了自动化的情感反应，模式则启动自动化的行为反应。如果某外部刺激能激活你潜意识深处的情结和模式，就可以顺藤摸瓜找到底层的情结和模式。

情结及模式共鸣

情结共鸣，简单说就是同病相怜。我在涉及情感话题的线下课中，通常采用所有学员围成一圈会谈的方式进行，我称之为圆圈会。一次圆圈会上，某女士在原生家庭中深受重男轻女观念的伤害，声泪俱下地控诉父母曾经的不公正。她的倾诉引发了好几位女士的共情，她们也都表示自己也有过类似的经历。有类似经历的人互为镜子，借对方互相看见，彼此拥抱又仿佛都在拥抱童年的自己，且彼此鼓励积极面对。相似经历促使她们彼此在心灵深处相见，相互照见并互助疗愈，最后不约而同地擦干眼泪相互安慰说："好在这一切都过去了，现在生命完全掌控在自己手里，放下过去，唯有用精彩的绽放才能告慰童年的自己。"

一次课上，三位早年丧父的学员竟然不期而遇。他们借助彼此的力量看见在突遭变故下苦苦挣扎的童年自己。第一位女生提到父亲病故时，她居然十分冷静，好像在讲别人家的故事。我厉声说："表面上的冷漠掩饰不了你的深度悲伤！"话音未落，她就号啕大哭了。我说："尘封了几十年的情结，到了勇敢面对的时候了。"在我的鼓励下，她声泪俱下地倾诉自己多年来的不容易。另一位同学则接力分享了他刚大学毕业第一次拿到工资时，父亲却因病去世的经历，以至于此后多年，每到发工资的日子时，他都心情低落。深度看见即深度疗愈。遭遇突如其来的变故时，很多人因为没有能力面对而选择了逃离。他需要一个可信任的场域把积压在心中的郁结倾诉出来，让郁结的能量重新流动。把内心深处的无助感、孤独感和愧疚感释放出来，状态就好了。

当然也有模式共振的情况。有一次在广州的课堂上，居然来了七八位跟自己"死磕"的家伙。听他们讲着相似的经历，不是讨好模式就是拯救模式。他们可以对全世界都好，唯独对自己不好。问题是对自己不好会导致内在乏力，人到中年心还想“死磕”，身体机能已经走下坡路了，不及时觉醒会过得越来越痛苦。后来他们都意识到了允许自己慢下来，允许自己不完美的重要性。

■ 情结及模式互补

另一种情境我称之为情结互补。某次线下课中有一个令我印象深刻的案例。

有位男士控诉他妈妈超强的控制欲。说一般人都跟妈妈很亲，而他跟他妈总是很生分。至今看到母亲，他的本能反应就是逃离。妈妈在他童年时对他管束太严，没完没了地唠叨，事无巨细地关照，每顿饭都被喂到撑。他说：“只要一看到我妈，我的大脑内存瞬间就满了，脑子跟高压锅一样随时都能爆炸。”他爸去世之后，他妈更加孤单，总是巴巴地盼儿子去看她。平心而论，他也想多去看看老人，可身体却总是很抗拒。“上周我去看她，从见面到走，她一分钟都不停歇地唠叨。居然给我包了四种不同馅儿的饺子，六十多个呢，逼着我吃完。她的爱让我窒息。”他抱着头沮丧地说。

班上正好有一位控制欲极强的妈妈。她儿子刚结婚不久，由于自己太过依赖儿子而经常闹婆媳矛盾，这让她很痛苦。缘分把这两位同学凑在一起了，我索性就安排他们两个对话。这位“妈妈”先哭着开腔了：“看到他的样子，我非常震惊地意识到我可能也把儿子搞得痛不欲生了。我知道了自己原来给儿子的不是爱，而是控制和依赖。我要直面自己缺乏安全感的问题，疗愈自己的童年创伤。我独立，儿子才能独立，才能安心地过好他的日子。”这位“儿子”借机深度采访了这位“妈妈”，才真正理解了自己的妈妈。两位妈妈有过相似的经历，都把儿子当成自己生命的全部，容不得半点闪失。

采访完课堂上的这位妈妈后，那位男同学说：“我终于理解了妈妈，以前我总是从自己的角度看问题，从来没思考过妈妈的内在也有个极度缺乏安全感和渴望被爱的小女孩。现在明白了，父亲去世后没人给她‘梳毛’了，她的最低情感需求无从满足。我要重新定义与妈妈的关系，老来的母子如父女，我应该像爱女儿那样保护她。我和妈妈的关系也是陪伴成长的关系，用我的独立带动妈妈的独立，用我的觉醒带动妈妈的觉醒。成长对任何人而言都是一辈子的事。”

这个案例让全班同学非常震撼。情结互补似乎比情结共鸣更具疗愈效果。改善关系五步法的第一步是看见自己，第二步是看见别人。情结共鸣能让你更生动而深刻地看见自己，情结互补能帮你更清晰而深刻地看见别人。彼此深度看见、深刻理解才能共同面对，双向奔赴地变障碍为资源，化束缚为滋养。

■ 直面情结的脱敏练习

我身上有一种情结：对插队现象极为敏感，排队时有人插队很容易引爆我的情绪。当我清楚这是自己的必修课时，就有意识地做脱敏练习。排队时每每遇有人插队，我内在那股火蹿起来的时候，就启动内在对话，先自己安抚自己的内在狗熊，自己给自己梳毛。我会幽默地对着自己说："伙计，你又忍不住了？做个深呼吸，耐心点，再等一等就好了。"等事情办完了，我会再次启动自我谈话："伙计，尽管今天还是差点蹿火，但进步已经很大了。火没有以前那么大，觉察比以前启动得还早，再接再厉。"就这样一点一点地训练自己的内在狗熊，提高自己的反应阈值。

内在狗熊发飙得逞的确会产生一种愉悦感，这种欲望被满足的愉悦感是一种低层次的愉悦感。而且屡屡得逞会使内在狗熊发飙的阈值越来越低。训练自己的内在狗熊约束自己、延迟满足，成功后会体验到一种由成长进步带来的高层次的愉悦感。修身的本质是不断地用高层次的愉悦感替代的低层次的愉悦感，用高尚的愉悦回路替代那些庸俗的愉悦回路。内在狗熊用发飙的方式满足欲望，大脑能释放多巴胺，训练内在狗熊约束自己，感受修身的进步也能释放多巴胺。虽然多巴胺的功效是一样的，意义却很不相同。

内在狗熊发飙的时候，身体会释放甲状腺素、肾上腺素、皮质醇，让身体进入"战斗——逃跑"状态。经常发飙的人，上次分泌的"有害激素"还没有代谢完，就又发飙了。于是，体内常年堆积的"有害激素"使每个细胞都生存在糟糕的内环境里。表观遗传学的研究表明，同样的 DNA 在不同环境下会有不同的表达。DNA 只决定了基因版本，环境影响基因表达，糟糕的内环境会改变细胞活性，进而影响生命状态。这好比某种植物，在水肥充足的环境下会长成一个样子，在水肥不足的环境下又长成另外一个样子。基因、体内生态环境以及外在社会环境用各自不同的方式影响着一个人。

伴随终生的内在工程

科技日新月异，而人内在的觉醒却进步很慢，这是造成现代人普遍焦虑的根本原因。科技进步是全人类的共同工程，而内在觉醒却是每个人自己的事情。外部世界和内在世界共享一个人的注意力。现代人的注意力越来越多地被琳琅满目的外部世界攫取，留给与自己相处的注意力越来越少，这就是现代人富有但并不幸福的原因。说白了，幸福是内心深处的愉悦感，只有与内在连接才能得到幸福。印度瑜伽大师萨古鲁在《内在工程》一书中提出了解决方案：转向内，即出路。一个人总想活成别人眼中的样子，就活不成自己想要成为的样子；总想得到别人的赞许，就听不到内在的声音。内在工程和人际工程不可分割。人际交往是内在工程的出发点也是落脚点。一个人的外在表现是内在修为的体现，内在修为的提升又必须透过外在表现的变化来验证。且看著名的寒山拾得公案：

寒山问拾得曰："世间有人谤我、欺我、辱我、笑我、轻我、贱我、恶我、骗我，如何处之乎？"拾得曰："只要忍他、让他、由他、避他、耐他、敬他、不要理他，再待几年，你且看他。"

很多人看到"再待几年，你且看他"，便觉非常解气。心想善恶到头终有报。这是焦点在外的理解。倘若焦点在内，"再待几年你且看他"更可能是因为自身修为的持续提高，对方的表现伤害不了你。别人如何对待你是他的事，你的反应则是你的内在工程。下面提几点内在工程的建议，权作本书的结语。

与人处即是与自己处

我们对待别人的方式与对待自己的方式惊人地相似。跟自己“死磕”的人也会无意识地对别人要求过高，跟自己有隔阂的人也难接近别人。你与别人的心理距离恰恰是你与自己的心理距离。人际冲突实际上是内在冲突的显化，指责别人是为了消除自己内在的不和谐，依赖别人是因为自己内在不独立。关系和心力其实是同一硬币的两面，关系是其表，心力是其里。能看见自己的人也能看见别人，爱自己的人也容易爱别人，连接自己的人也容易连接别人。尼采说：“当你凝视深渊时，深渊也在凝视你。”内在扭曲的人也会看别人不顺眼，童年受伤的人长大后会伤害别人。

修身最大的功课是学会看见自己、连接自己、爱自己。当别人在竞相表现以期关注和赞许时，如果你转而向内求，看见自己、连接自己、激励自己，世界将为你而变。**当你内心强大时，一切都会变得温顺；当你内心有爱时，一切都会变得和蔼。**本书的姊妹篇《非凡心力：五大维度重塑自己》是基础，主讲自己修炼。本书也可以看作把非凡心力中的连接力拿出来单讲，意在与他人一起修炼。

所有人都可以是贵人

贵人是帮你变得更和谐、更独立的人。关系极好的好朋友未必是贵人，更可能是彼此深度依赖的共生伙伴。你可能更喜欢激励你让你变得更好的贵人，但打击你逼你变得更好的贵人更稀缺。尽管主观上你不喜欢，但客观上他的出现引发了你的反思，促成了你的改变，对你的成长起到了积极的作用，那就是贵人。

当你与人计较、抗争的时候，尽管你可能很讨厌对方，但不可否认的是，那一刻你跟对方处在同一能量层级。因为高维能量是不会与低维能量发生冲突的。把不喜欢的人当成贵人就需要提升自己的能量层级。透过对方让你讨厌的行为表现，洞察其受困于低效能的情结和模式，你的格局就高了。无论多高的地位、多大的年龄，只要能透过表现看见其内在小孩，你照样可以像大人对待小孩一样对待他。这就是我常说的用高格局对冲低地位的压力，当你意识到父母、领导同样也受过创伤，同样有一部分没长大、不独立，同样需要被看见、被关爱的时候，一股发自内心的同情能量就会油然而生。当你看见并同情对方的创伤与不易时，你就连接上人类集体潜意识中爱的能量了。

■ 所有事都可以是好事

所有的事到最后都是好事，你要是觉得不是的话，那是因为复盘不够彻底，反思不够深刻。事情是冰冷客观的，受伤多因自己不合理的预期和不恰当的解读所致。很多事情成为创伤也是因为我们缺少消化它的酶，所谓智慧就是消化烦恼和创伤的酶。

创伤的背后是扭曲的爱。创伤有可能是幼小心灵的扭曲解读，也可能是加害者的低效能模式在肆虐。其实加害者也是受害者，重男轻女的父母也是其家族陈旧观念的牺牲者，信奉棍棒下面出孝子的父母也是被棍棒打大的。用更高的智慧重新解读创伤事件，重新看见伤害者，创伤也能和解。与创伤和解才能释放那股卡在潜意识层面的能量。没有人能够毫发未损地走出童年，任何人都不可能没有创伤，修炼出转化创伤、自我疗愈的能力至关重要！

■ 与谁相处都是与社会相处

我邀请大家做一个思想实验：把除你之外的所有人当成整体，称之为社会，你与任何人的关系就简化为你与社会的关系。长远看，你给社会的奉献和社会对你的回报要达成平衡。对有文化和社会影响力的人而言，还要追求对社会的奉献远大于社会对你的回报。个体要主动奉献，社会才能维持平衡。

想遇贵人的秘诀是主动成为别人的贵人，主动把自己奉献给社会的人更容易在关键时刻遇到贵人。这种思维方式让我们的注意力不再在乎具体人的毁誉，不再计较一时一事的得失，从而把能量倾注在自己想做的事业中来。

人性的复杂也意味着可塑空间巨大，你想成为谁比你是谁更重要。不怕起点低，就怕迭代慢；不怕开始晚，就怕难坚持。没有奇迹，只有不懈的坚持。你眼里的奇迹不过是别人多年内在工程的持续成长。构建卓越关系，我们都在路上……与读者朋友共勉。

参 考 文 献

［1］卡尼曼. 思考，快与慢［M］. 胡晓姣，李爱民，何梦莹，译. 北京：中信出版社，2012.

［2］沃斯，拉兹. 掌控谈话：解决问题的关键技能［M］. 赵坤，译. 北京：北京联合出版有限公司，2018.

［3］田俊国. 赋能领导力：指数时代领导力转型的关键［M］. 杭州：浙江人民出版社，2017.

［4］邓巴. 梳毛、八卦及语言的进化［M］. 区沛仪，张杰，译. 北京：电子工业出版社，2022.

［5］邓巴. 社群的进化［M］. 李慧中，译. 成都：四川人民出版社，2019.

［6］凯伦. 依恋的形成：母婴关系如何塑造我们一生的情感［M］. 赵晖，译. 北京：中国轻工业出版社，2017.

［7］威廉. 心理治疗中的依恋：从养育到治愈，从理论到实践［M］. 巴彤，李斌彬，施以德，等译. 北京：中国轻工业出版社，2014.

［8］柯维. 第 3 选择：解决所有难题的关键思维［M］. 李莉，石继志，译. 北京：中信出版集团，2018.

［9］柯维. 高效能人士的第八个习惯：从效能迈向卓越［M］. 陈允明，王亦兵，译. 北京：中国青年出版社，2021.

［10］王阳明，邓艾民. 传习录注疏［M］. 上海：上海古籍出版社，2015.

［11］戈特弗雷森. 心态：解锁四大成功心态，让改变立刻发生［M］. 李恩宁，译. 北京：国际文化出版公司，2021.

［12］菲佛. 权力：为什么只为某些人所拥有［M］. 杨洋，译. 杭州：浙江人民出版社，2015.

［13］孟. 亲密关系：通往灵魂的桥梁［M］. 张德芬，余蕙玲，译. 长沙：湖南文艺出版社，2019.

[14] 麦吉沃恩. 精要主义：如何应对拥挤不堪的工作与生活［M］. 邵信芳，译. 杭州：浙江人民出版社，2016.

[15] 沃林恩. 这不是你的错：海灵格家庭创伤疗愈之道［M］. 田雨馨，译. 北京：机械工业出版社，2022.

[16] 苏霍姆林斯基. 给父母的建议［M］. 罗亦超，译. 武汉：长江文艺出版社，2017.

[17] 苏霍姆林斯基. 给教师的建议［M］. 周蕖，王义高，刘启娴，等译. 武汉：长江文艺出版社，2017.

[18] 亚隆. 妈妈及生命的意义［M］. 庄安祺，译. 北京：机械工业出版社，2017.

[19] 亚隆. 成为我自己：欧文·亚隆回忆录［M］. 杨立华，郑世彦，译. 北京：机械工业出版社，2022.

[20] 舒曼. 奇迹课程［M］. 若水，译. 昆明：云南人民出版社，2011.

[21] 埃尔伯斯. 爆款：如何打造超级 IP［M］. 杨雨，译. 北京：中信出版社，2016.

[22] 萨古鲁. 内在工程［M］. 林麟，李雅梅，李艳萍，等译. 北京：中国青年出版社，2020.

[23] 辛格. 清醒地活：超越自我的生命之旅［M］. 汪幼枫，陈舒，译. 北京：机械工业出版社，2022.